Jonglez

Rome
insolite et secrète

LES GUIDES ÉCRITS PAR LES HABITANTS

Nous avons pris un immense plaisir à la conception du guide *Rome insolite et secrète* et espérons que, comme nous, vous continuerez grâce à lui à découvrir des aspects insolites, secrets ou encore méconnus de la capitale.
Accompagnant certains lieux, des encadrés thématiques mettent en lumière des points d'histoire ou relatent des anecdotes qui permettront de comprendre la ville dans toute sa complexité.
Rome insolite et secrète met également en valeur de nombreux détails visibles dans des lieux que nous fréquentons parfois tous les jours sans les remarquer. Ils sont une invitation à une observation plus attentive du paysage urbain et, de façon plus générale, un moyen pour regarder notre ville avec la curiosité et l'attention dont nous faisons souvent preuve en voyage…

POINT2 le plus portable des livres !

POINT2 est un nouveau format de poche, qui conjugue légèreté, solidité et maniabilité. Sa forme compacte et sa mise en page révolutionnaire permettent la publication d'œuvres intégrales dans un volume minimum et avec une excellente lisibilité.

Retrouvez toutes les informations et la liste des parutions sur

www.editionspoint2.com

Ce concept inédit en France a été inventé par l'imprimeur et éditeur Jongbloed (Pays-Bas), et le brevet a été déposé pour tous les pays sous le numéro EP 2 040 932. **POINT2** a l'exclusivité d'exploitation du brevet pour la langue française jusqu'en octobre 2013.

ISBN 978-2-36394-055-1
ISSN 2116-9802

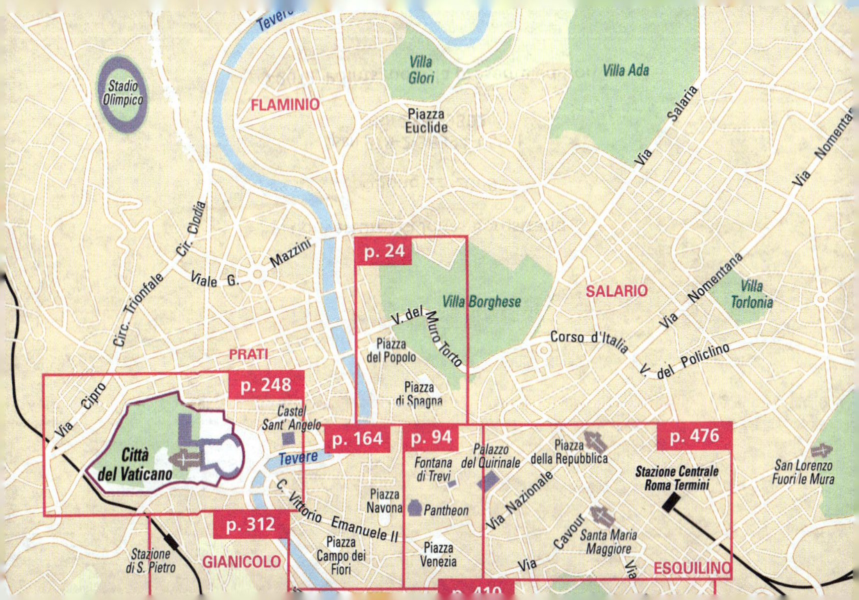
Stadio Olimpico
FLAMINIO
Villa Glori
Piazza Euclide
Villa Ada
Via Salaria
Via Nomentana
Tevere
Circ. Trionfale
Cir. Clodia
Viale G. Mazzini
p. 24
Villa Borghese
V. del Muro Torto
Piazza del Popolo
Piazza di Spagna
SALARIO
Villa Torlonia
Corso d'Italia
V. del Policlino
PRATI
p. 248
Via Cipro
Città del Vaticano
Castel Sant'Angelo
p. 164
p. 94
p. 476
Tevere
Palazzo del Quirinale
Fontana di Trevi
Piazza della Repubblica
Stazione Centrale Roma Termini
San Lorenzo Fuori le Mura
Via Nazionale
Pantheon
Piazza Navona
C. Vittorio Emanuele II
p. 312
Piazza Campo dei Fiori
Piazza Venezia
Via Cavour
Santa Maria Maggiore
Via
ESQUILINO
Stazione di S. Pietro
GIANICOLO

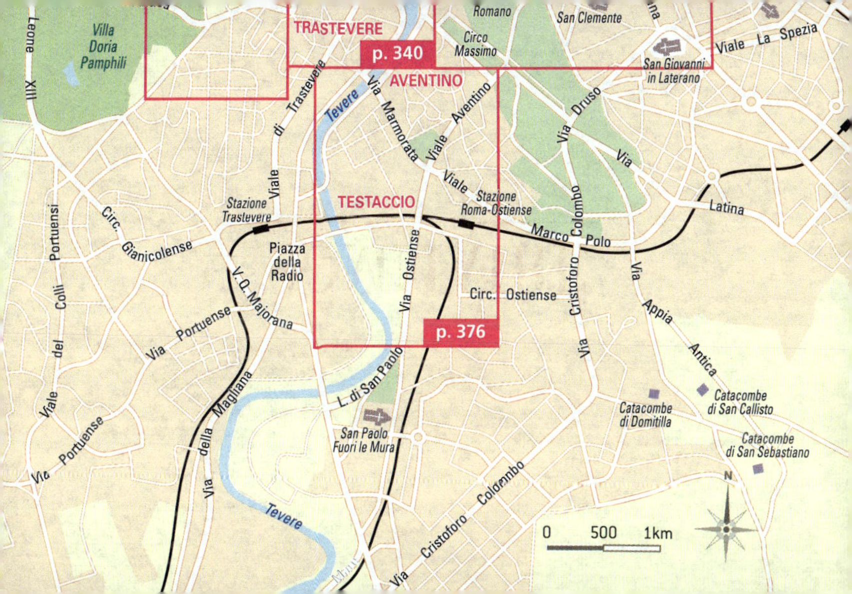
Villa Doria Pamphili
Leone XIII
TRASTEVERE
p. 340
AVENTINO
Romano
Circo Massimo
San Clemente
San Giovanni in Laterano
Viale La Spezia
Viale di Trastevere
Tevere
Via Marmorata
Viale Aventino
Via Druso
Via Latina
TESTACCIO
Stazione Trastevere
Stazione Roma-Ostiense
Viale Marco Polo
Via Cristoforo Colombo
Circ. Gianicolense
Piazza della Radio
Via Ostiense
Circ. Ostiense
Via Appia Antica
V. O. Majorana
Via Portuense
Viale dei Colli Portuensi
p. 376
L. di San Paolo
San Paolo Fuori le Mura
Via della Magliana
Catacombe di Domitilla
Catacombe di San Callisto
Catacombe di San Sebastiano
Via Portuense
Tevere
Via Cristoforo Colombo
N
0 500 1km

SOMMAIRE

Centre-nord

Centre-sud

Centre-ouest

Vatican et alentours

Gianicolo

Trastevere

Aventino - Testaccio

Latran - Colisée - Forums - Celio

Quirinale - Termini - Monti - Esquilino

CENTRE-NORD

CHA
RI
TAS

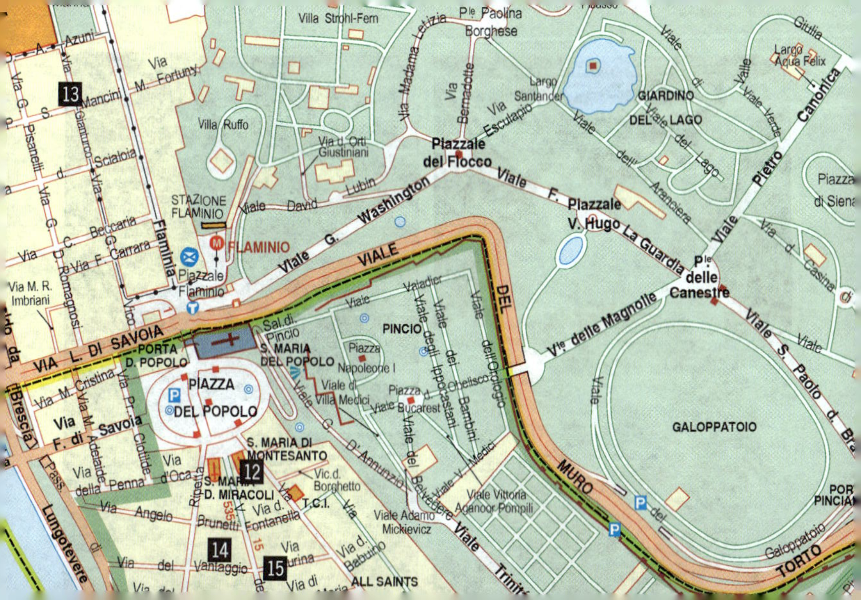
Villa Strohl-Fern
P.le Paolina Borghese
Via Madama Letizia
Via Bernadotte
Largo Santander
Via Esculapio
GIARDINO DEL LAGO
Viale del Lago
Viale dell' Aranciera
Viale Giulia
Largo Aqua Felix
Viale Canonica
Viale Pietro Canonica
Viale Verde
Piazza di Siena
Via M. Fortuny
Via Mancini
Via Azuni
Via G. S. Pisanelli
Via Gianturco
Via Scialoia
Via Beccaria
Via G. Carrara
Via F. Carrara
Via D. Romagnosi
Via M. R. Imbriani
Via Flaminia
Villa Ruffo
Via d. Orti Giustiniani
Lubin
Viale David
STAZIONE FLAMINIO
FLAMINIO
Piazzale Flaminio
Vico
Piazzale del Flocco
Viale G. Washington
Viale F. Piazzale V. Hugo
La Guardia
P.le delle Canestre
Via d. Casina di
Viale S. Paolo d. Brasile
VIALE DEL MURO TORTO
Vle delle Magnolie
GALOPPATOIO
Viale del Galoppatoio
PORTA PINCIANA
PINCIO
Sal. di Pincio
Viale Valadier
Piazza Napoleone I
Viale di Villa Medici
Piazza d. Bucarest
Viale degli Ippocastani
Viale dei Bambini
Viale dell'Orologio
Obelisco
Viale del Belvedere
Viale V. Medici
Viale Vittoria Aganoor Pompili
Viale Adamo Mickievicz
Viale Trinità
S. MARIA DEL POPOLO
PORTA D. POPOLO
VIA L. DI SAVOIA
PIAZZA DEL POPOLO
Via M. Cristina
Via Pr. Clotilde
Via F. di Savoia
Via M. Adelaide
Via Brescia
Pass.
Lungotevere
S. MARIA DI MONTESANTO
12
S. MARIA D. MIRACOLI
Viale G. D'Annunzio
Vic. d. Borghetto
T.C.I.
Via d'Oca
Via della Penna
Ripetta
Via Angelo Brunetti
Via d. Fontanella
535
15
Via del Vantaggio
Via Laurina
Via d. Babuino
Via di
ALL SAINTS
13
14
15

TEVERE
Mellini
Via B. Pistrucci
S. GIACOMO
GESÙ E MARIA
Via S. Giacomo
Via A. Canova
Pza Ferro di Cavallo
V. Colonnette
Via d. Frezza
V. Corea
V. Soderini
Via d. Pontefici
Pza del Ferro di Cavallo
Via Ara Pacis
ARA PACIS AUGUSTAE
Ripetta
Augusta
MAUSOLEO DI AUGUSTO
S. ROCCO
Pza Augusto Imperatore
Lgo dei Lombardi
SS. AMBROGIO E CARLO AL CORSO
Lgo S. Carlo al Corso
Vic. del Grottino
Lgo degli Schiavoni
Ponte Cavour
S. GIROLAMO D. ILLIRICI
Via d' Pza Monte d'Oro
Tomacelli
Arancio
Lgo Goldoni
SS. TRINITÀ D. SPAGNOLI
Via dei Greci
S. ATANASIO
Margutta
Babuino
V. Alibert
Via S. Sebastianello
Vittoria
Via Croce
Via delle Carrozze
Via Bocca di Leone
Via M. De' Condotti
Borgognona
Frattina
Via Belsiana
Vic. Belsiana
V. d. Lupo
SPAGNA
PIAZZA DI SPAGNA
Piazza Trinità d. Monti
TRINITÀ DEI MONTI
Monti
Piazza Mignanelli
Via Rampa Mignanelli
Via Sistina
Via Gregoriana
Via Due Macelli
Via Capo le Case
Via Propaganda
Via della Mercede
Via della Vite
S. ANDREA D. FRATTE
POSTA CENTRALE
Via d. Gambero
Via d. Bufalo
Via d. Pozzetto
Pza S. Silvestro
S. SILVESTRO IN CAPITE
S. LORENZO IN LUCINA
Pza S. Lor. in Lucina
V. d. G. Theodoli
V. in Lucina
Via d. Convertite
Pza del Parlamento
PAL. DI MONTECITORIO
CAMERA DEI DEPUTATI
PAL. CHIGI
Corso
Via S. Claudio
Pza S. Claudio
SS. ANDREA E CLAUDIO DEI BORGOGNONI
S. MARIA IN VIA
Via Poli
FNA DI TREVI
Via Stamperia
Via Scavolino
Largo del Tritone
Pza dell' Accademia di S. Luca
Lgo Nazareno
Vic. del Gallinaccio
Via Zucchelli
V. d. Traforo
Traforo Umberto
Via d. Maroniti
Via d. Panetteria
Via d. Scuderie
Tritone
Via Crispi
S. ISIDORO
Via degli Isidoro
Via d. Purificazione
Via Borghese
Pza Borghese
Lgo Fontanella Borghese
V. d. Leone
Via Leoncino
Vic. di S. Biagio
Via della Lupa
V. Divino Amore
V. d. Prefetti
Via d'Ascanio
Pza Firenze
Vic. Valdina
Vic. Rosini
V. d. Parlamento
Via d. Stelletta
Pza in Campo Marzio
V. Uffici Vicario
Via della Scrofa
Via d. Portoghesi
S. AGOSTINO
Via Pallacorda
Via Leccosa
Marzio
V. d. Somaschi
V. d. Leonetto
Pza Nicosia
Pza Cardelli
Via Brianzo
V. d. Cancello
Orso
Via d. Vaccarella
Vic. d. Sdrucciolo
Lgo Chigi
Via Pozzo
V. d. Mortaro
1
2 – 6
3
7
8
9
10
11
2
15
16
17
18
19
20
154
390

Le boulet de canon de la fontaine du Viale della Trinità dei Monti

1 Viale Trinità dei Monti, face à la villa Médicis

Dans l'axe de la porte d'entrée de la villa Médicis se trouve une majestueuse fontaine en granit qui, avec le panorama de Rome à l'arrière-plan, a inspiré de nombreux artistes, comme le peintre Jean-Baptiste Camille Corot qui l'a immortalisée en 1826.

La vasque proviendrait de San Salvatore in Lauro et le cardinal Ferdinand de Médicis en aurait fait l'acquisition en 1587 pour 200 écus auprès des frères du monastère, tandis que la base serait issue d'une place proche de Saint-Pierre-aux-Liens. La fontaine aurait été remaniée vers 1589 par Annibale Lippi, l'un des architectes de la villa Médicis.

Le boulet de canon duquel émerge le filet d'eau au centre de la fontaine fait l'objet d'une légende rocambolesque.

En 1655, la reine Christine de Suède, grande figure de la vie romaine au XVIIe siècle, aurait fait tirer le canon du château Saint-Ange en direction de la villa Médicis afin de réveiller le maître de maison pour aller à la chasse. Trois traces d'impact sur la lourde porte de la villa Médicis témoigneraient de cet épisode, tandis que l'on aurait récupéré l'un des obus pour l'intégrer à la fontaine d'en face…

À l'étage du couvent de la Trinité-des-Monts, le visiteur accède à un couloir qui fait le tour du cloître et qui renferme deux rares anamorphoses (voir explication double page suivante) résultant d'une série de recherches sur la perspective. Jusqu'au XVIIIe siècle, le couvent accueillait des religieux français de l'ordre des Minimes, dont certains menaient d'importants travaux scientifiques, à l'image du père Emmanuel Maignan (1601-1676) ou de son disciple le père Jean-François Nicéron (1613-1646), qui nourrissaient tous deux un intérêt particulier pour l'optique et la perspective. Leurs recherches dans ce domaine ont donné lieu à deux anamorphoses, peintes à fresque au premier étage du couvent, de part et d'autre du cloître, pour l'attribution desquelles les sources divergent.

Auteur d'un traité consacré à la perspective, le *Thaumaturgus opticus*, Nicéron passa seulement dix mois à Rome en 1642, mais il est probable qu'il ait aidé son maître dans la réalisation d'une des deux fresques à partir des principes exposés dans son ouvrage.

La première anamorphose en grisaille représente saint François de Paule, en prière, à genoux sous un arbre, que l'on peut observer en vue rasante en pénétrant dans le couloir. Lorsque l'on fait face à la fresque, la figure du saint disparaît pour laisser place au paysage d'une baie marine entourée de collines. L'on y discerne un port, des tours, de la végétation et quelques personnages. Il s'agirait du relief de la Calabre, la région de l'ermite, qui comporterait des évocations de la vie du saint : non loin d'une barque à voile, les deux hommes au milieu de l'eau, entre deux bras de terre, peuvent rappeler la traversée du détroit de Messine, sur le manteau de saint François, après que ce dernier se soit fait refuser d'embarquer sur un bateau. De la même façon, les personnages perdus au sein de ce relief désert évoquent la vie d'ermite adoptée par saint François.

De l'autre côté du cloître, au même niveau, se trouve le pendant de cette œuvre : une fresque anamorphique représentant saint Jean l'évangéliste écrivant l'Apocalypse, qui aurait été également exécutée de la même façon à Paris, dans l'ancien couvent des Minimes qui se situait sur l'actuelle place des Vosges. Cette anamorphose dévoile saint Jean au visiteur qui entre dans la pièce et déniche le point de vue idéal. De la même façon, une vision frontale laisse place à un paysage, celui de l'île de Patmos où le saint reçut une vision du Christ.

■ Réservation : visitesguidees.tdm@libero.it

Qu'est-ce qu'une anamorphose ?

Le principe majeur de l'anamorphose consiste à matérialiser la trajectoire de la vision humaine pour ordonner l'image telle qu'elle doit apparaître au regard du spectateur à une distance donnée, et d'en reporter le dessin, voire seulement son canevas, en biais sur la paroi. L'anamorphose est ainsi une image volontairement déformée qui se recompose au moyen d'un miroir spécifique (pour les anamorphoses courbes par exemple) ou à partir d'un angle de vue préétabli (le plus souvent en vue rasante).

Le plus célèbre exemple de ce procédé se trouve dans le tableau de Hans Holbein le Jeune *Les Ambassadeurs* (1533), dont la forme étrange au premier plan est en fait l'anamorphose d'un crâne.

Le cadran solaire du couvent de la Trinité-des-Monts

Fraternité monastique de Jérusalem

6 Piazza Trinità dei Monti, 3

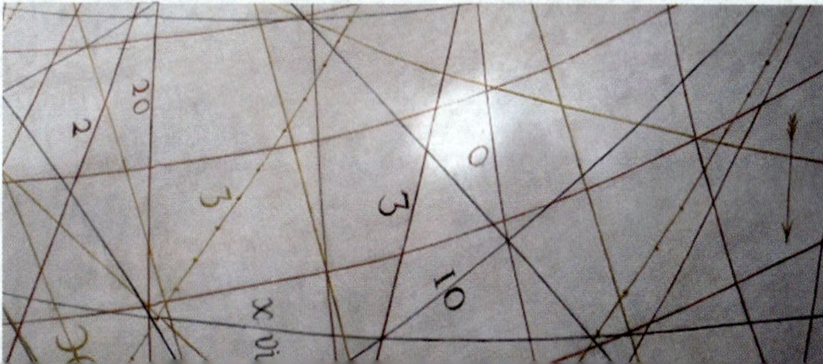

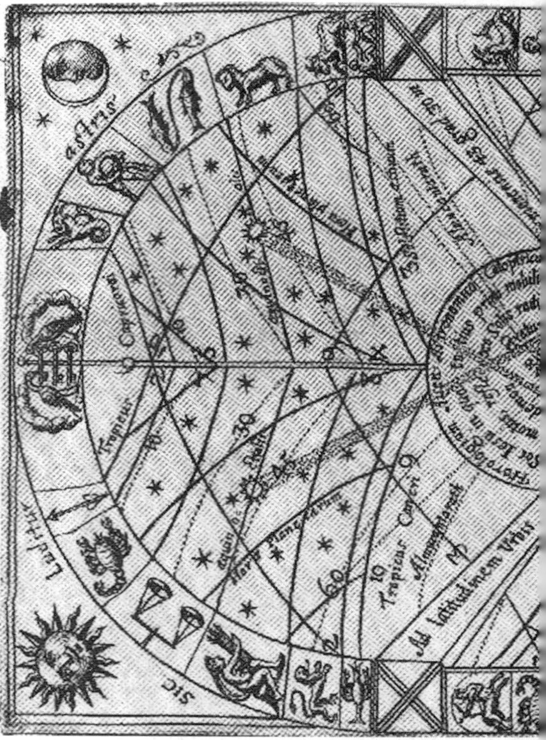

Tropicus Capricorni
Tropicus Cancri
Ad latitudinem Urbis
Sic

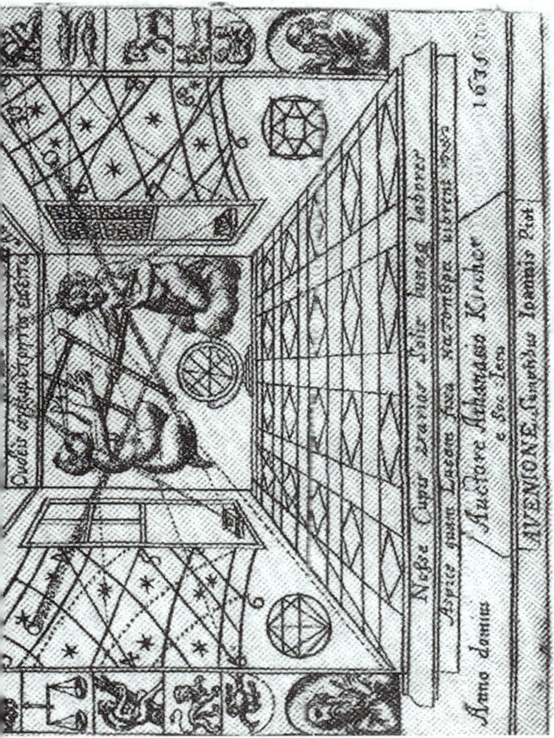
Auctore Athanasio Kircher
e Soc. Iesu
Anno domini
AVENIONE

Les deux anamorphoses du couvent (voir p. 48-53) sont séparées par un cadran solaire qui investit toute la voûte de la galerie du cloître. Cet ingénieux système est l'œuvre du père Emmanuel Maignan pour qui la gnomonique (art de construire des cadrans solaires) n'était toutefois qu'un objet d'étude secondaire, les mathématiques, l'optique mais surtout la philosophie et la théologie étant les sujets qui l'intéressaient le plus. Il s'agit ici d'un cadran catoptrique, qui représente les heures grâce à la réflexion du soleil et non grâce à l'ombre d'un stylet. Celui-ci est en effet remplacé par un miroir disposé sur l'appui de la fenêtre centrale, à partir duquel un rayon de soleil se réfléchit selon un angle dit « d'incidence » pour indiquer l'heure solaire sur la voûte. On pouvait également disposer une coupelle remplie d'eau et de mercure pour obtenir le même effet réfléchissant.

La spécificité de cet astrolabe tient à la multitude d'informations contenues sur cette voûte au gré de la position de la tache de lumière. En effet, les chiffres arabes, en noir, le long du tracé noir, indiquent l'heure selon l'ancien méridien de Rome (une heure supplémentaire par rapport au méridien de Greenwich) ; les chiffres romains (verts, de petites dimensions, avec les lignes

vertes) permettent de lire les heures italiques (à savoir depuis combien de temps le soleil s'est couché et, par extension, le temps restant avant son coucher suivant) ; les lignes rouges indiquent les coordonnées célestes. Figurent également sur la voûte les douze figures du zodiaque et des noms de cités de tous les continents dont on peut connaître l'heure locale grâce à la réflexion du soleil, des îles Salomon à Babylone, de Mexico à la région de Goa.
Peints à même le mur, plusieurs encadrés renseignent sur l'usage et l'histoire de ce cadran, tandis qu'un tableau permet d'identifier la planète correspondant à un moment donné.

> Un autre cadran solaire catoptrique, construit également par Emmanuel Maignan, existe à l'étage noble du palais Spada (voir p. 232).

■ Réservation : visitesguidees.tdm@libero.it

La façade du palais Zuccari

7 Via Gregoriana

La façade du palais Zuccari est peut-être la plus curieuse et la plus insolite de la ville : son portail et ses fenêtres symbolisent d'énormes bouches grandes ouvertes insérées dans le visage de pierre que constitue leur encadrement.

Federico Zuccari, artiste baroque renommé, acheta le terrain en 1590, attiré par son excellente situation. Il y bâtit pour lui-même et pour ses enfants la maison et l'atelier, en s'inspirant des fameux monstres de Bomarzo, près de Viterbe.

Ce caprice architectural fut à la fois critiqué et admiré et devint rapidement la maison idéale pour les artistes du quartier.

Par le biais de l'Académie de Saint-Luc, Zuccari laissa sa demeure en héritage aux artistes étrangers, mais ses souhaits ne furent pas respectés et lorsque l'artiste décéda, le palais passa à un autre propriétaire.

La reine de Pologne y habita à partir de 1702 et, pendant des décennies, la demeure fut le centre de la vie mondaine de la ville. Après de multiples changements de propriétaires, le vœu de Zuccari finit par se réaliser et le palais devint un centre pour artistes étrangers. Winckelmann et Reynolds y séjournèrent, Jacques Louis David et les nazaréens y peignirent des œuvres renommées, et Gabriele D'Annunzio l'immortalisa dans *Il Piacere* (« Le Plaisir »).

En 1900, la dernière propriétaire, Henriette Hertz, laissa sa collection de tableaux à l'État italien, et le palais et sa bibliothèque à l'Allemagne, permettant la création de la fameuse « Biblioteca Hertziana », spécialisée en histoire de l'art. Celle-ci est ouverte aujourd'hui aux chercheurs pourvus de lettres de recommandation.

Le palais possède de belles fresques de Jules Romain et on y a découvert dans les sous-sols les restes de la villa de Lucullus datant de la fin de l'époque républicaine.

■ Accès : métro ligne A, station Spagna

Le tombeau de Poussin

8 Église San Lorenzo in Lucina, Via in Lucina, 16a

Commandé par l'écrivain Chateaubriand entre 1828 et 1832, quand il était ambassadeur à Rome, le tombeau de Poussin est une structure en marbre blanc composée d'une niche où trône le buste du peintre sous lequel figure, en relief, une représentation de son célèbre tableau *Les Bergers d'Arcadie*. Curieusement placée dans l'église entre deux chapelles latérales (alors que les tombes se trouvent dans les chapelles latérales), la tombe a été sculptée par trois pensionnaires de la villa Médicis, siège de l'Académie de France depuis 1803 : Léon Vaudoyer, Paul Lemoyne et Louis Desprez.

Sous le bas-relief, une épitaphe en latin indique : « Retiens tes pieuses larmes, dans cette tombe Poussin vit / Il avait donné la vie sans savoir lui-même mourir / Il se tait ici mais si tu veux l'entendre parler / Il est surprenant comme il vit et parle dans ses tableaux ».

La présence de cette tombe est un hommage à un génie de la peinture. Comme le dit Chateaubriand dans *La Vie de Rancé* : « Admirable tremblement du temps ! Souvent les hommes de génie ont annoncé leur fin par des chefs-d'œuvre : c'est leur âme qui s'envole. »

« Et in Arcadia Ego »

On trouve la phrase « Et in Arcadia Ego » probablement pour la première fois dans un tableau du Guerchin intitulé *Les Bergers d'Arcadie* (1618) conservé aujourd'hui au musée de la Galerie nationale d'art ancien du palais Corsini, en face de la Farnesina et commissionné par la famille Barberini. Elle y est gravée sur un bloc de maçonnerie et commente un crâne que deux bergers contemplent, appuyés sur leurs bâtons.

La formule apparaît ensuite dans la première version du tableau du même nom (1628-1630) de Poussin (actuellement dans les collections du duc de Devonshire à Chatsworth House en Grande-Bretagne), avant de devenir célèbre dans la deuxième version de ce tableau, conservé aujourd'hui au Louvre et peint probablement vers 1638.

Notons que, de façon moins connue, un autre tableau conservé au musée de Brive s'intitulant *Paysage aux bergers d'Arcadie* (anonyme, fin du XVIIIe siècle) présente aussi la célèbre formule et qu'un marbre dans le jardin de la propriété anglaise de Shugborough Hall traite du même sujet. L'interprétation de cette formule lapidaire a fait couler beaucoup d'encre : si Goethe, Schiller ou Nietzsche l'ont comprise comme « Moi aussi, j'ai vécu en Arcadie, et j'y ai connu le bonheur », l'interprétation la plus communément admise (due en partie à l'historien de l'art Erwin Panofsky) est « Et même en Arcadie, il y a la mort ». Autrement dit : même dans un lieu idyllique et paradisiaque comme l'Arcadie (voir page 313), la mort nous attend tous un jour ; restons humbles et sachons discerner l'essentiel de l'inutile et des vanités.

Sans recenser toutes les interprétations plus ou moins fantaisistes, certains ont vu des liens entre cette formule et la célèbre énigme de Rennes-le-Château dont plusieurs éléments renverraient aux tableaux de Poussin. Dans un des manuscrits cryptés découverts sur place apparaîtraient ainsi les noms de Poussin et du peintre belge Teniers ; l'inscription « Et in Arcadia Ego » y aurait aussi été retrouvée et, enfin, certains auraient remarqué que la tombe du tableau de Poussin et le paysage aux alentours correspondraient apparemment à une tombe existant (ou ayant existé) réellement à Arques, tout près de Rennes-le-Château.

Des *Bergers d'Arcadie* à l'Académie de l'Arcadie ?

Le tableau du Guerchin *Les Bergers d'Arcadie* est présent dans les collections du palais Corsini. Hasard ou coïncidence, c'est dans ce même palais, ancien palais Riera, qu'habita la reine Christine de Suède, et c'est là qu'elle créa une académie littéraire appelée à devenir l'Académie de l'Arcadie (voir page 318).

La reine avait dans le palais un laboratoire alchimique et participait aux réunions hermétiques de la villa Palombara dont il reste la porte magique (voir page 516).

- Accès : métro ligne A, station Spagna
  Visite guidée des souterrains le premier samedi de chaque mois à 17h

Les restes du cadran solaire d'Auguste

9 Via Campo Marzio, 48

Le spectaculaire obélisque égyptien que l'on peut admirer aujourd'hui sur la Piazza Montecitorio était à l'origine partie intégrante d'un immense cadran solaire. L'Horologium Augusti se trouvait au centre des jardins voulus par l'empereur lui-même et qui à l'époque occupaient tout le quartier antique du Champ-de-Mars.

L'horloge était constituée d'une gigantesque plaque rectangulaire en marbre qui, selon certaines sources, mesurait 110 mètres de longueur sur 60 de largeur et, selon d'autres, atteignait même 150 mètres sur 70. On dressa au milieu de cette plaque l'obélisque du pharaon Psammétique II, datant du VIe siècle avant J.-C. et rapporté à Rome par Auguste après la conquête de l'Égypte. Les lettres et les règles de bronze étaient enchâssées dans le grand

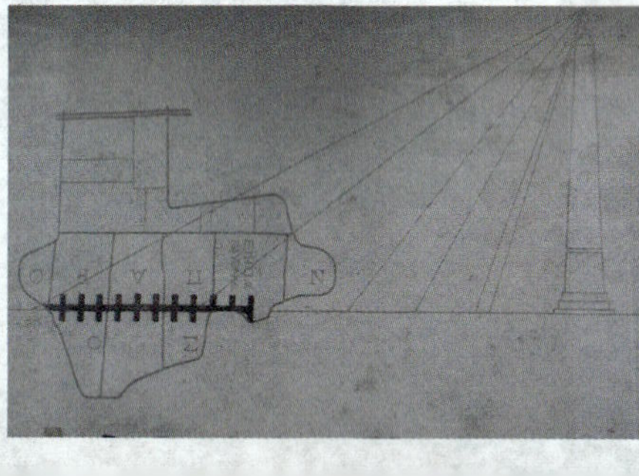

cadran en marbre et l'ombre de l'obélisque projetée sur le cadran indiquait le mois, le jour et l'heure.

Après s'être écroulé au Moyen Âge et avoir été enseveli pendant des siècles, il fut redécouvert au milieu du XVIIIe siècle et fut érigé sur la Piazza Montecitorio par le pape Pie VI qui tenta de reconstituer le cadran solaire.

Les restes de l'horloge solaire ont été découverts au début des années 1990 à cinq mètres de profondeur dans les caves de la Via Campo di Marzio, 48. On a redécouvert des bouts du pavage en marbre sur lequel étaient reportées la ligne méridienne, les lignes transversales qui correspondent à deux jours, les inscriptions concernant les signes du zodiaque du Lion, du Taureau, du Bélier et de la Vierge et l'indication des vents qui soufflent sur la mer Égée jusqu'à la fin du mois d'août.

■ Accès : métro ligne A, station Spagna
Visites sur demande uniquement en réservant par téléphone au 06 336610144 ou 06 33612607

La bénédiction de la gorge

Église Madonna del Divino Amore in Campo Marzio

10 Vicolo del Divino Amore, 12

Une fois par an, en plein milieu de l'hiver, une étonnante bénédiction permet de se protéger la gorge et de bien terminer l'hiver : le 3 février, jour de la Saint-Blaise, des messes ont lieu toute la journée à l'église Madonna del Divino Amore in Campo Marzio. Après chaque messe a lieu la bénédiction. Celle-ci consiste pour le prêtre à croiser deux cierges et à les placer sur la gorge de la personne qui reçoit la bénédiction tout en disant : « Par l'intercession de saint Blaise, évêque et martyr, puisse Dieu vous délivrer de tous maux à la gorge et de tout autre mal, au nom du Père et du Fils et du Saint-Esprit. » L'origine de cette tradition vient de la vie du saint elle-même.

■ Le 3 février, après chaque messe
Pour les horaires, consulter www.seminairefrancais.org, rubrique : votre séjour à Rome

Pourquoi saint Blaise est-il invoqué pour la protection de la gorge ?

Né au IIIe siècle après J.-C. en Arménie, Blaise fut élu évêque de Sébaste et se retira, entouré d'animaux, dans une caverne où il réalisa plusieurs miracles dont celui de sauver un enfant qui s'étranglait à cause d'une arête de poisson coincée dans sa gorge : Blaise lui imposa les mains, pria pour que l'enfant et tous ceux qui feraient une demande en son nom soient guéris, et sauva l'enfant. C'est cet épisode qui est à l'origine de la bénédiction de la gorge. Peu après ce miracle, Blaise fit également rendre à une pauvre femme un pourceau qu'un loup lui avait dérobé. Celle-ci tua finalement l'animal et lui en apporta la tête et les pieds, avec une chandelle et du pain. Il mangea le porc et lui dit que quiconque offrirait une chandelle dans une église qui porte son nom en retirerait des bénéfices, événement qui est à l'origine de la bénédiction de la gorge par le biais de cierges en cire. Martyrisé au moyen de peignes en fer, il fut finalement décapité en 287 ou en 316, selon les sources.

Les innombrables reliques de saint Blaise

Saint Blaise est probablement le saint catholique qui possède le plus de reliques « officielles » : à voir tous ceux qui en détiennent, saint Blaise aurait eu plus d'une centaine de bras. Si son corps est à Maratea, dans le sud de l'Italie, un autre corps se trouverait à San Marcello, à Rome. L'église des SS. Biagio e Carlo ai Catenari (Biagio est le nom italien de Blaise) posséderait « l'os de la gorge » du saint.

Dicton

« Le lendemain de la Saint Blaise, souvent l'hiver s'apaise. »

Le tonneau de la fontaine de la Botticella

11 Via di Ripetta

L'**étonnante fontaine** dite de la *Botticella* (« du petit tonneau ») qui se trouve entre la Via di Ripetta et la Piazza Augusto Imperatore a été érigée en 1774 par la confraternité des aubergistes et des bateliers de l'ancien port de Ripetta où accostaient jadis les navires chargés de marchandises. Face à l'église Saint-Roch, la confraternité des aubergistes voulut en effet ériger une fontaine représentant un porteur pour évoquer tous ceux qui déchargeaient bois, vin, eau, légumes et autres marchandises arrivant à Rome par voie fluviale. La figure du porteur de vin ne fut toutefois pas choisie par hasard : parmi toutes les marchandises qui parvenaient au port de Ripetta, la plus convoitée était le vin. Les barriques provenant du nord du Latium trouvaient ici leurs premiers amateurs : il s'agissait des porteurs qui s'adonnaient au rituel de la dégustation, devant l'église de saint Roch, patron des aubergistes, dans une atmosphère festive.

Son emplacement actuel, entre les églises Saint-Roch et Saint-Jérôme-des-Esclavons, dans une niche de l'arc qui relie les deux églises, remonte à la restructuration de la zone du mausolée d'Auguste, opérée en 1940. Plusieurs sources rapportent que cette fontaine se trouvait autrefois sur le flanc d'un édifice voisin aujourd'hui détruit.

La figure du porteur est reconnaissable à son béret posé de côté, coiffe caractéristique de cette corporation. Le commanditaire de cette fontaine fut le pape Clément XIV (1705-1774, élu pape en 1769), comme le rappelle l'inscription qui surplombe la fontaine, pourvue d'une particularité épigraphique : les chiffres n'observent pas la tradition d'écriture à la romaine. Clément XIV est devenu Clément XIIII, tandis que la date, 1774, arbore elle aussi quelques lettres inversées ou plus longues. Il s'agit vraisemblablement d'une mode d'écriture de l'époque.
Cette fontaine est, comme la fontaine de Trevi, la fontaine de la Barcaccia et tant d'autres, alimentée par l'*acqua vergine* (*Aqua Virgo*), qui provient d'une source située à 12 kilomètres de Rome, dont l'eau est acheminée aujourd'hui encore à Rome grâce à l'aqueduc d'Agrippa.

Rome recèle une autre fontaine représentant un porteur pourvu d'un tonneau. Entre le Collegio Romano et la Via del Corso, la fontaine du *Facchino* (« porteur ») de la Via Lata est dédiée aux porteurs d'eau.

■ Entre les églises Saint-Jérôme-des-Esclavons et Saint-Roch

Le Dîner à Emmaüs à Santa Maria di Montesanto

12 Via del Babuino, 198 – Piazza del Popolo

Dans la chapelle des âmes du purgatoire, à droite dans l'église de Santa Maria di Montesanto, on ne s'attend pas à trouver un tableau récent aussi anachronique.

Peint par Riccardo Tommasi Ferroni (1934-2000), *Le Dîner à Emmaüs* reprend le célèbre thème des pèlerins d'Emmaüs. Si la composition du tableau est de facture tout à fait classique, on notera néanmoins quelques détails particuliers, comme les chaussures de tennis très modernes que porte l'un des pèlerins, accoudé nonchalamment, qui discute avec Jésus, qui, lui, porte une traditionnelle tunique claire.

■ Tél. : 06 3610594

L'église des artistes

L'église Santa Maria di Montesanto est l'église des artistes : de fin octobre au 29 juin, de la musique est jouée pendant la messe du dimanche midi. C'est généralement un acteur qui lit les textes et on dit à la fin de la messe la prière des artistes.

La messe des artistes fut instituée le 7 avril 1951, dix ans après qu'un groupe d'artistes eut commencé à se réunir autour de Mgr. Ennio Francia, pour célébrer une messe en leur honneur.

Le Trident : trois routes pour les pèlerinages romains

À partir de la Piazza del Popolo, le célèbre trident fut conçu au XVIIe siècle afin de clarifier les directions que les pèlerins pouvaient emprunter en arrivant à Rome par la porte nord.

En prenant l'ancienne Via Leonina (créée par le pape Léon X en 1515 – actuelle Via di Ripetta), on rejoignait le Tibre et le pont Sant'Angelo en direction de Saint-Pierre. L'ancienne Via Clemenza (ouverte en 1525 par Clément VII – actuelle Via del Babuino) menait, en traversant la Piazza di Spagna, vers Santa Maria Maggiore. L'ancienne Via Lata, enfin (actuelle Via del Corso), menait à San Giovanni in Laterano.

La première décoration grotesque connue de la Renaissance

L'église Santa Maria del Popolo abrite, dans la première chapelle à droite, en entrant par l'entrée principale, un superbe tableau du Pintoricchio. De chaque côté, les décorations peintes constituent la première représentation de figures « grotesques », suite à la découverte de la Domus Aurea (voir page 452).

Musée Hendrik Christian Andersen

13 Villa Helene – Via Pasquale Stanislao Mancini, 20

La Villa Helene est un élégant immeuble à quelques pas du Tibre, construit en 1922 par le sculpteur et peintre norvégien Hendrik Christian Andersen, qui s'était installé à Rome en 1897. Exemple très intéressant d'atelier-habitation transformé en musée, la villa a ouvert au public après sa restauration en 1999. Le rez-de-chaussée est composé d'un atelier, dans lequel Andersen imaginait et réalisait les œuvres qu'il exposait ensuite au public dans la galerie. Ces deux espaces présentent une quarantaine de sculptures de grande taille, en plâtre et en bronze. Le premier étage, qui était à l'époque le lieu d'habitation de l'artiste, abrite

aujourd'hui les dessins, les peintures et les sculptures de plus petite taille. Les 200 sculptures, peintures et environ 300 œuvres graphiques, dessins et projets, constituent une collection qui ne surprend pas uniquement par son volume, mais également et surtout par le fait que tout, excepté les peintures, est dédié à un unique et grand projet : la réalisation d'une « cité mondiale ».

Afin de répandre ce projet utopiste d'une ville moderne, centre expérimental d'idées nouvelles pour l'art, la religion et les sciences, Andersen et l'architecte Ernest Hébrard avaient publié en 1913 un livre illustré intitulé : *Création d'un centre mondial de communication*.

■ Tél. : 06 3219089
tram n° 2, station Ministero Marina ; tram n° 19, station Azuni / Ministero Marina ; métro A, station Flaminio-Piazza del popolo.
Café du musée au premier étage

La visite est particulièrement agréable au printemps quand on peut s'asseoir et boire un verre dans le Caffè del Museo et faire une pause au soleil sur la belle terrasse au premier étage.

Squatriti – Clinique des poupées

14 Via di Ripetta, 29

C'**est sur la Via di Ripetta,** à l'angle avec la Via del Vantaggio, que se trouve la boutique de Squatriti, restaurateur artistique. La grand-mère de Federico, le jeune homme qui travaille encore dans ces lieux, ouvrit cette curieuse boutique en 1953. On n'y restaurait, à l'origine, que des vases et des faïences avant que le père de Federico et son épouse n'y introduisent la restauration d'éventails et de poupées. Aujourd'hui, c'est surtout pour les poupées que ce lieu attire l'attention.

Le magasin est minuscule et on a immédiatement la sensation d'entrer dans un lieu hors du temps. Federico et sa mère travaillent avec passion derrière deux petites tables autour desquelles il ne reste presque plus de place pour se mouvoir. Les objets remplissent les étagères, une grande partie du sol et même du plafond : des vases, des faïences, des ivoires, de la cire, du carton-pâte, du plâtre, de la porcelaine, du marbre, mais surtout de très nombreuses poupées empilées dans les vitrines qui confèrent à cette boutique une allure de vieux film d'horreur.

Depuis les années 1960, on ne travaille plus que sur des poupées en porcelaine ou en cellulose, devenues des objets de collection depuis l'introduction des poupées industrielles modernes en plastique.

Même si l'on n'a rien à faire restaurer, il est intéressant d'entrer pour jeter un coup d'œil et faire la connaissance des propriétaires.

■ Tél. : 06 3610232
Accès : métro ligne A, station Spagna ou Flaminio

La maison de Goethe

15 Via del Corso, 18

En empruntant la Via del **Corso** à partir de la Piazza del Popolo on se retrouve, après quelques mètres, face à la maison où le peintre Johann Heinrich Wilhelm Tischbein hébergea entre 1786 et 1788 son ami Johann Wolfgang von Goethe.

Dans les nombreuses pièces de ce grand appartement, vous pourrez observer les lettres, livres, annotations et copies de dessins qui concernent le voyage du poète en

Italie et les œuvres de Tischbein lui-même qui peignit, entre autres, Goethe dans le quotidien de son séjour romain.

Il est intéressant de comprendre, grâce à ces témoignages, ce que signifiait réellement un voyage en Italie à la fin du XVIIIe siècle. En plus de l'exposition permanente, d'excellentes expositions temporaires sont également organisées, ainsi que des débats et des présentations de livres.

■ Tél. : 06 32650412 • www.casadigoethe.it
Accès : métro ligne A, station Spagna ou Flaminio

CENTRE-SUD

POSTA CENTRALE
S. ANDREA D. FRATTE
S. LORENZO IN LUCINA
S. SILVESTRO IN CAPITE
SS. ANDREA E CLAUDIO DEI BORGOGNONI
PAL. DI MONTECITORIO
CAMERA DEI DEPUTATI
PAL. CHIGI
S. MARIA IN VIA
F NA DI TREVI
Traforo Umberto I
PALAZZO DEL QUIRINALE
PRESIDENZA D. REPUBBLICA
S. MARIA MADDALENA
TEATRO QUIRINO
S. CROSE E S. BONAVENTURA
Piazza del Quirinale
BORSA
PANTHEON
S. MARIA SOPRA MINERVA
S. IGNAZIO
Piazza Collegio Romano
S. MARIA IN VIA LATA
PAL. DORIA PAMPHILI
SS. APOSTOLI
PALAZZO COLONNA
S. SILVESTRO AL QUIRINALE
TEATRO ELISEO
TEATRO VALLE
Via della Pilotta
Via del Corso
Via d. Tritone
Via Sistina
Via Capo le Case
Via della Mercede
Via Due Macelli
Via d. Traforo
Via Scalone
Via Dataria
Via Nazionale
Piazza Scanderbeg
Pza Colonna
Pza Montecitorio
Pza del Parlamento
Pza S. Silvestro
Pza Ss. Apostoli
Pza della Rotonda
Via del Seminario
Via d. Muratte
Via S. Maria in Via
Via d. Stamperia
Via Marcello
Via Lata
Via Pié di Marmo
Via della Scrofa
Via Leccosa
Marzio
1 2 3 4 5 6 7 8 9 10 11
16 17 18 19 20 21 30
154 307 390

SS. STIMMATE DI S. FRANCESCO
Vittorio Emanuele II
Via d. Plebiscito
S. MARCO
PALAZZO VENEZIA
GESÙ
PIAZZA VENEZIA
PREFETTURA
COLONNA TRAIANA
MERCATI TRAIANEI
FORO TRAIANO
SS. DOMENICO E SISTO
Largo Magnanapoli
S. ANDREA D. VALLE
TEATRO ARGENTINA
AREA SACRA D. ARGENTINA
Via d. Botteghe Oscure
CARLO AL CATINARI
VITTORIANO
S. M. D'ARACOELI
Via d. Fori Imperiali
FORO DI CESARE
FORO DI AUGUSTO
S. CATERINA D. FUNARI
PAL. NUOVO
Pza DEL CAMPIDOGLIO
PAL. SENATORIO
MUNICIPIO
PAL. DEI CONSERVATORI
CAPITOLINO
S. MARIA IN CAMPITELLI
Via del Teatro di Marcello
TEMPIO DI APOLLO
TEATRO DI MARCELLO
S. NICOLA IN CARCERE
S. LORENZO IN MIRANDA
FORO ROMANO
S. M. DELLA CONSOLAZIONE
Piazza Consolazione
Lungotevere dei Cenci
Isola Tiberina
OSPEDALE FATEBENEFRATELLI
Ponte Fabricio
Ponte Cestio
S. BARTOLOMEO
Via Petroselli
S. GIORGIO IN VELABRO
San Teodoro
PALATINO
12
13
14
15
16

La messe en araméen de l'église Santa Maria in Campo Marzio

1 Via di Campo Marzio, 45/A

Cachée dans l'un des endroits les plus fréquentés du centre historique, Santa Maria in Campo Marzio est une église catholique orientale, de rite antiochien, mais d'obédience romaine, dans laquelle la messe est célébrée en araméen (la langue de Jésus) tous les dimanches à 10h30.

L'assemblée souvent peu nombreuse, le mélange des trois langues dans lequel est dite la messe (araméen, arabe et italien) et l'architecture majestueuse de l'église créent une ambiance particulière propice au recueillement. Après la messe, il n'est pas rare que les fidèles soient invités à prendre un café avec le patriarche.

L'église remonte au VIIIe siècle, époque à laquelle des religieuses fuyant Constantinople fondèrent un monastère. Passé ensuite aux mains de religieuses bénédictines, celui-ci se développa pour atteindre les dimensions actuelles et devint l'un des plus importants de la ville.

L'entrée sur rue mène à une cour splendide construite selon un plan particulier en forme de *tau* (lettre T en grec), un havre de paix dans la confusion du centre-ville, réalisée par De Rossi qui fut également chargé à la fin du XVIIe siècle de la reconstruction de l'église. Au fond de la cour, à travers une porte en verre, on peut voir un très beau cloître agrémenté d'une fontaine centrale et l'un des côtés de l'église San Gregorio Nazianzeno ornée de son délicieux petit clocher roman. On ne peut pas visiter cette partie du monastère puisqu'elle est gérée par la Chambre des députés qui a entrepris une importante restauration. Exproprié après 1870 et devenu siège de l'administration publique, le monastère avait en effet subi de très graves dégradations.

■ Messe en araméen le dimanche à 10h30
Accès : métro ligne A, station Spagna ou Barberini

La coupole plate de l'église Saint-Ignace

2 Piazza di Sant'Ignazio

Fondée en 1626 par le cardinal Ludovisi et construite en plusieurs étapes jusqu'en 1662, l'église Sant'Ignazio possède une particularité qui échappe à presque tous les visiteurs : la coupole ne fut en fait jamais construite à cause de problèmes techniques. L'espace circulaire qui lui avait été destiné, demeuré plat, fut utilisé par le prêtre Pozzo qui

y peignit avec la technique du trompe-l'œil *La Gloire de saint Ignace*.

La sensation que l'on éprouve lorsqu'on entre dans l'église est très curieuse : en avançant jusqu'au milieu de la nef en direction de l'autel tout en fixant la lanterne de la coupole, on se rend compte, au fur et à mesure, que la perspective peinte perd en crédibilité et on comprend enfin que la coupole n'existe pas.

■ Accès : métro ligne A, station Spagna

3 La salle monumentale du Collège romain

Les passionnés d'art ou d'archéologie, et tous les amateurs de livres anciens et de grandes bibliothèques baroques, se feront un plaisir d'explorer la spectaculaire Salle croisée du Collège romain, ou même d'étudier dans la somptueuse salle de lecture qui lui est rattachée.

En forme de croix, comme son nom l'indique, l'immense Sala Crociera est d'une beauté déconcertante. Les murs qui forment la traverse de la croix sont entièrement recouverts de livres, la plupart anciens et rares. Les superbes rayonnages où ils sont alignés furent réalisés sur mesure au XVIIe siècle, époque à laquelle la salle était le siège de la Bibliothèque principale du Collège romain fondé par saint Ignace de Loyola sur le modèle de l'université de Paris.

Plus récemment, cette salle et le cabinet de lecture qui la jouxte faisaient partie de la Bibliothèque nationale de Rome, jusqu'au transfert de celle-ci dans son siège actuel de Castro Pretorio.

Depuis 1989, ces salles sont occupées par la Bibliothèque d'archéologie et d'histoire de l'art, et comportent un grand nombre de volumes issus de donations d'archéologues, d'historiens de l'art ou de l'architecture, ainsi qu'une collection de catalogues de galeries d'art, des sections réservées au théâtre, à la musique, à l'héraldique et aux arts orientaux, outre une exceptionnelle collection de catalogues des principaux hôtels des ventes du XIXe siècle à aujourd'hui.

■ Via del Collegio Romano, 27
Tél. : 06 6723361

Bibliothèque Casanatense

4 Via Sant'Ignazio, 52

À l'exception des employés et de quelques chercheurs, peu de gens savent que la somptueuse bibliothèque Casanatense est accessible au public à l'occasion des expositions, conférences, présentations et concerts qui y sont régulièrement organisés, et qu'elle peut même se visiter gratuitement sur demande.

Cette bibliothèque fut fondée par les dominicains du couvent de Sainte-Marie-de-la-Minerve (Santa Maria sopra Minerva) sur l'ordre du cardinal Girolamo Casanate, et inaugurée en 1701 dans un bâtiment du cloître de la Minerva spécialement construit à cet effet par l'architecte A. M. Borioni.

Aux 25 000 volumes d'origine dont le cardinal fit don à la bibliothèque vinrent s'ajouter tous ceux que les dominicains achetèrent au fil des ans. En contact avec les plus importants marchés du livre européen, ils recherchaient des volumes aussi bien anciens que modernes afin de constituer une « bibliothèque universelle » réunissant des textes de théologie, d'économie et de droit romain, sans compter les ouvrages scientifiques ou consacrés aux œuvres d'art. En 1884, les dominicains furent définitivement remplacés par des fonctionnaires alors que la bibliothèque devenait une institution publique. Elle dépend désormais du ministère de la Culture et dispose de plus de 350 000 ouvrages. Le somptueux salon monumental (60,15 m × 15,30 m) comprend environ 55 000 volumes illustrés, datant du XVIe au XVIIIe siècle, qui figurent sur de magnifiques rayonnages en bois réalisés par le sculpteur Marchesi et le doreur Cantoni sur un dessin de Borioni. Entrecoupée par une simple galerie à mi-hauteur, cette bibliothèque recouvre les murs du sol au plafond, sous une lumière parfaitement homogène provenant de fenêtres percées dans la voûte.

On remarquera le blason de la famille Casanate : une tour surmontée d'une étoile à huit branches, symbole que l'on retrouve sur les décorations de la bibliothèque et sur le timbre dont sont estampillés tous les objets de la collection. Celle-ci est aussi riche, entre autres, de deux magnifiques globes (un terrestre et un céleste) du XVIIIe siècle, dessinés à l'encre et peints sur papier par l'abbé Moroncelli, célèbre cosmographe, géographe et topographe, ainsi que d'une ancienne sphère armillaire en cuivre qui surplombe la statue du cardinal Casanate, réalisée en 1708 par le sculpteur français Pierre Legros.

Remarquer, en entrant à droite, la série d'ouvrages en trompe-l'œil qui fait partie d'une porte, souvent ouverte, derrière laquelle se cache un escalier à vis.

■ Tél. : 06 6976031 • Contact : promozione.casanatense@bibliorama.sbn.it
Visites guidées gratuites sur demande

Le symbolisme caché de l'éléphant-obélisque du Bernin

5 Piazza della Minerva

Si le curieux éléphant-obélisque du Bernin est bien évidemment célèbre à Rome, son explication symbolique l'est beaucoup moins : pourquoi le Bernin a-t-il imaginé une sculpture aussi particulière ? Quel est son sens ?

Le Bernin a tout simplement copié une gravure qui figure dans l'*Hypnerotomachia Poliphili*, l'extraordinaire roman à clef de la Renaissance publié à Venise en 1499 (voir page 113). Si l'obélisque en Égypte symbolise le « rayon de soleil divin », l'éléphant, par l'importance de sa masse, symbolise la terre. Par sa trompe, il aspire l'eau (l'eau de la pluie) qui s'écoule à l'intérieur : la terre est nourrie, et, avec le concours du soleil (l'obélisque) qui traverse la terre (l'éléphant), le grain de la terre est fécondé, il peut renaître et éclore.
Dans le roman qui inspira le Bernin, il est possible d'entrer à l'intérieur de l'éléphant dans lequel sont représentés un homme et une femme. On comprend alors comment la symbolique prend toute sa force : plus que le grain qui renaît et est fécondé, l'éléphant-obélisque

symbolise le principe de la résurrection de la chair, transmise par les Égyptiens (notamment dans le *Livre des morts*) aux Hébreux et aux chrétiens et devenu un élément central de la chrétienté. Dans les derniers jours (comme pour Jonas dans la Bible qui sort du ventre de la baleine), l'homme quittera la terre pour ressusciter d'entre les morts.

Alexandre VII, qui fit ériger le monument par le Bernin en 1667 à l'emplacement d'un ancien temple d'Isis, possédait un exemplaire (annoté de sa main) de l'*Hypnerotomachia Poliphili*, et c'est lui qui fit inscrire la phrase latine rappelant l'immense sagesse venue de l'Égypte ancienne sur le socle de l'éléphant*. Rappelons que pour la doctrine chrétienne, la résurrection du Christ préfigure celle des hommes au dernier jour. Notons enfin que sur la sculpture du Bernin figure une étoile à huit branches. Le 8, pour les chrétiens, est le symbole de la résurrection.

Un autre éléphant portant un obélisque égyptien existe à Catane, en Sicile.

* « *Sapientis Ægypti / insculptas obelisco figuras / ab elephanto / belluarum fortissima / gestari quisquis hic vides / documentum intellige / robustae mentis esse / solidam sapientiam sustinere* » (« Ces symboles de la science de l'Égypte, que tu vois gravés sur l'obélisque porté par l'éléphant, le plus puissant de tous les animaux, prends-les comme le précepte qu'il appartient à une intelligence forte de pouvoir soutenir le poids d'une science solide »).

Les amours contrariées de Laurent de Médicis : une inspiration pour Poliphile et Shakespeare ?

La relation amoureuse contrariée de Laurent de Médicis avec Lucrezia Donati (qui épousa à contrecœur Niccolo Ardinghelli) semble avoir directement inspiré la quête de Poliphile : même prénom, mêmes événements déchirants, même époque (1462-1464)...

La vie amoureuse de Laurent le Magnifique aurait également fourni à Francesco Cei, un poète proche de Laurent de Médicis, la matière de son poème *Giulia e Romeo* dont Shakespeare se serait directement inspiré pour son célèbre *Roméo et Juliette*.

Le Songe de Poliphile : un extraordinaire roman humaniste qui inspira très directement les jardins de Versailles, de Boboli (à Florence) et le célèbre éléphant-obélisque du Bernin à Rome

Imprimé par Alde Manuce à Venise en 1499, l'*Hypnerotomachia Poliphili* (*Le Songe de Poliphile*) est probablement le plus complexe roman à clef jamais publié. Illustré par environ 170 superbes gravures sur bois, il est aussi considéré comme l'un des plus beaux volumes jamais imprimés. Rédigé dans une langue mélangeant italien, latin, grec, hébreu, arabe, espagnol, vénitien et quelques autres dialectes, le livre fut longtemps jugé d'un auteur inconnu. Des recherches récentes, menées notamment par Emanuela Kretzulesco*, ont néanmoins mené à Francesco Colonna, les initiales des 38 chapitres formant la phrase suivante : « *Poliam Frater Franciscus Columna peramavit* » (« Le frere Francesco Colonna

* *Les Jardins du songe. Poliphile et la mystique de la Renaissance*, Éditions Magma.

a passionnément aimé Polia »). Neveu du cardinal Prospero Colonna, Francesco Colonna faisait partie de l'entourage éclairé du cardinal Bessarion, du futur Pie II et de Nicolas V, le pape des lumières, par opposition aux papes suivants et notamment Alexandre VI Borgia. Au moment où les Borgia voulurent, contre l'avis de Pie II et de Nicolas V, donner aux papes non seulement le pouvoir spirituel mais également le pouvoir temporel, et où la papauté entrait dans une période noire de son histoire, *Le Songe de Poliphile* serait ainsi un livre rendu volontairement complexe pour échapper à la censure papale. Plus qu'un roman d'amour de Poliphile pour Lucrezia, le livre est ainsi une quête spirituelle d'un philosophe passionnément amoureux de la sagesse divine (Athéna Polias). Développant les idées humanistes, il transmettrait ainsi, de façon cryptée, le testament spirituel d'un groupe de théologiens réunis autour du pape Nicolas V, qui avait entrepris l'étude comparée de l'ensemble des traditions religieuses, en remontant jusqu'à la Grèce et l'Égypte, avec une grande liberté d'esprit, reprenant en cela l'héritage du pape Sylvestre II (Gerbert d'Aurillac). En harmonie avec l'Académie florentine des Médicis et de Marsile Ficin, ce groupe réunissait notamment l'architecte Léon Baptiste Alberti et

Prospero Colonna et inspira fortement Pic de La Mirandole, Léonard de Vinci, Nicolas Copernic, Giordano Bruno et Galilée.

Le Songe de Poliphile révèle ainsi que la Nature, création divine, est la meilleure voie pour arriver à la connaissance de Dieu. À l'aide des codes détenus dans la *Hyeroglyphica* de Horus Apollon, il éclaire aussi tout le chemin spirituel qui y mène. De façon absolument extraordinaire pour qui est intéressé à comprendre l'environnement dans lequel il évolue, *Le Songe de Poliphile* permet aussi de comprendre que les jardins de Versailles ou ceux de Boboli à Florence ainsi que le célèbre éléphant obélisque du Bernin à Rome sont très directement inspirés des nombreux symboles qui émaillent le parcours de Poliphile.

Que signifie *Hypnerotomachia* ?

Étymologiquement, *Hypnerotomachia* se décompose de la façon suivante : « Hypno », « Eroto », « Machia », c'est-à-dire : « le combat, en songe, par amour ».

Le cerf de l'église Sant'Eustachio

6 Piazza Sant'Eustachio

En levant la tête sur la Piazza Sant'Eustachio, le promeneur attentif remarquera peut-être un curieux détail : à la place de la traditionnelle croix du Christ qui surplombe toutes les églises du monde, l'église Sant'Eustachio est surmontée d'une tête de cerf, sur laquelle est posée une croix. Cette curiosité doit son existence à la vie de saint Eustache, qui se convertit en apercevant la croix du Christ au milieu des bois d'un cerf.

Saint Eustache

Mort en martyr à Rome vers l'an 130 après J.-C., saint Eustache portait d'abord le nom de Placide. Il reçut après sa conversion le nom d'Eustache ou Eustathe qui signifie « constant ». On le fête le 20 septembre, jour supposé de sa mort.

Allant chasser en forêt, Placide, un soldat romain respecté, rencontra un jour une harde de cerfs, dont un lui parut plus grand et plus beau que les autres. Il s'approcha pour le tuer et s'aperçut qu'il portait entre ses bois un crucifix qui se mit à lui parler, en lui disant qu'il venait pour le sauver. Devant ce miracle, et sa femme ayant fait un rêve similaire la nuit précédente, toute la famille se fit baptiser.

Retourné le lendemain sur les lieux du miracle, saint Eustache vit à nouveau le Christ lui apparaître. Celui-ci lui annonça qu'il allait le mettre à l'épreuve mais que jamais il ne l'abandonnerait.

Quelques jours plus tard, la peste s'abattit sur la région. Saint Eustache perdit ses troupeaux et sa maison fut dévalisée. Avec sa famille, il s'en alla en Égypte. Sa femme ayant été retenue en paiement par le propriétaire du bateau qui les fit traverser, saint Eustache continua sa route avec ses deux enfants qui furent rapidement happés l'un par un lion, l'autre par un loup. Après quelques années, la famille se retrouva finalement au complet. L'épouse n'avait finalement pas été souillée par le capitaine du bateau, et les enfants avaient été sauvés par des villageois. Refusant d'adorer les idoles, ils furent martyrisés sous Hadrien.

Le même miracle a été attribué ultérieurement à saint Hubert, devenu patron des chasseurs.

Le meilleur café de Rome ?

Fondé en 1938, le Caffè Sant'Eustachio, juste en face de l'église, a la réputation de servir le meilleur café de Rome. Noter que les garçons se cachent volontairement des clients pour la préparation de ce café dont ils gardent jalousement les secrets de fabrication.

■ Piazza Sant'Eustachio, 82 • Tél. : 06 68802048

Le visage sacré du Christ de l'église Santo Stefano del Cacco

7 Via Santo Stefano del Cacco, 26

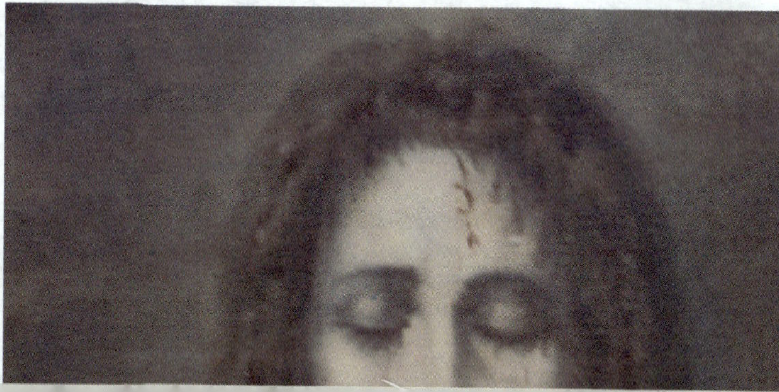

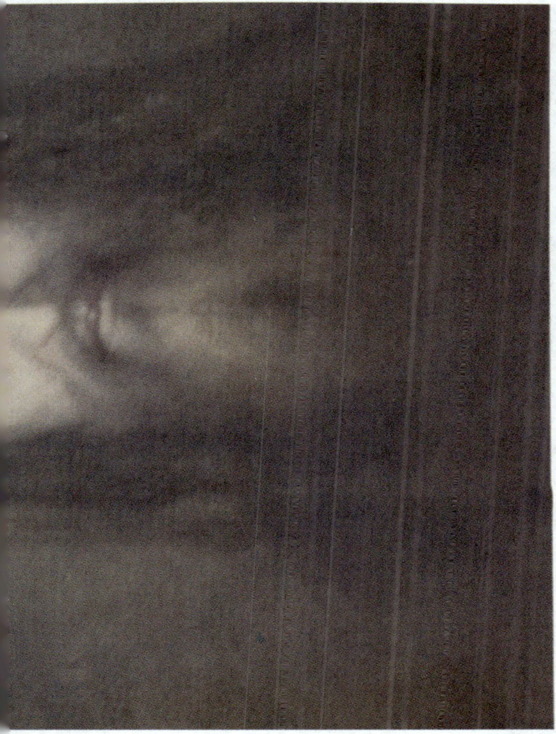

Tous les premiers mardis du mois, à 16 h 30, a lieu une étonnante cérémonie pendant laquelle on vénère l'icône dite du Visage Sacré du Christ, située dans la première chapelle de l'église, à gauche.

L'icône à proprement parler a été peinte en 1945 par Gertrude Mariani (sœur Zeffirina du Sacré-Cœur) et trouve son origine dans une vision miraculeuse qu'aurait eue la sœur Pierina De Micheli.

Le 31 mai 1938, à Milan, celle-ci assista en pleine adoration à une apparition fulgurante de la Vierge Marie qui tenait dans la main une médaille sur laquelle était imprimé le visage du Christ. La Vierge lui dit ensuite que cette médaille permettrait, à quiconque la porterait et viendrait chaque mardi prier devant le saint sacrement, de se défendre contre le mal et de bénéficier de la miséricorde de Jésus.

Jésus était en réalité déjà apparu à la sœur Pierina De Micheli en 1932 et en 1937, lui demandant de prier en contemplant son visage.

Le culte de la médaille du visage saint fut approuvé en août 1940 par l'archevêque de Milan et diffusé entre autres par l'abbé Ildebrando Gregori, moine bénédictin sylvestrin qui était le père spirituel de Pierina De Micheli depuis 1940. En 1968, avec la bénédiction du pape Paul VI, la médaille du visage saint fut déposée sur la lune par des astronautes américains.

Surnommée Santo Stefano del Cacco à cause du *macacco* (« macaque ») qui est le surnom que l'on donna à une statue égyptienne cynocéphale (à tête de chien) du dieu égyptien Thot découverte dans le quartier (elle se trouve aujourd'hui exposée aux Musées du Vatican), cette très belle église s'appelle en réalité Santo Stefano de Pinea : sur le sommet du clocher, on peut remarquer une pomme de pin qui fait allusion au nom de ce quartier.

L'église remonterait au IXe siècle. Elle a conservé son plan basilical avec trois nefs séparées par deux rangées de colonnes et, dans le sous-sol, garde de nombreuses pierres tombales très intéressantes. Confiée par Pie IV aux moines sylvestrins en 1563, l'église doit son aspect actuel à la restauration de 1607.

■ Tél. : 06 6793860

Le sanctuaire de la Madonna dell'Archetto

8 Via di San Marcello

À quelques pas de la fontaine de Trevi, échappant au regard de la plupart des passants, la chapelle insolite dédiée à la Madonna dell'Archetto est le plus petit sanctuaire marial de la ville.

La venelle qui reliait la Via di San Marcello à la Via dell'Archetto renfermait une image de la Vierge peinte sur pierre en 1690 par le peintre bolonais Domenico Muratori, élève de Carrache, pour la marquise Savorelli Papazzurri.
En 1696, la Vierge aurait miraculeusement bougé les yeux et la propriétaire décida alors de l'exposer sous l'*archetto* (le « petit arc ») de la venelle pour la vénération publique. En 1751, on décida de fermer les issues de la venelle à l'aide de deux grilles, afin de protéger

les précieux ex-voto qui s'étaient accumulés jusqu'alors. En 1796, le miracle se produisit à nouveau : de nombreux témoins y assistèrent et l'Église le reconnut comme authentique. Au milieu du XIXe siècle, la venelle fut fermée et transformée en chapelle. La famille Papazzurri chargea l'architecte Virginio Vespignani de construire le sanctuaire, un joyau de l'art néo-Renaissance, qui fut solennellement inauguré le 31 mai 1851.

Le petit temple classé mais, malgré cela, peu connu contient des sculptures de Luigi Simonetti et des peintures de Costantino Brumidi qui peignit aussi les fresques du Capitole de Washington. Brumidi fut même désigné comme le « Michel-Ange des États-Unis ».

L'oratorio del Santissimo Crocifisso

9 **Piazza dell'Oratorio, 69**

L'**oratoire du Très Saint Crucifix** est une belle chapelle méconnue qui fut bâtie à la mémoire d'un événement miraculeux. Dans la nuit du 23 mai 1519, l'église Saint-Marcel, toute proche, fut détruite par un incendie. À l'aube, les gens accoururent sur place et se rendirent compte que, parmi les décombres fumants, seul le crucifix en bois placé sur le maître-autel était intact. Trois ans plus tard, en 1522, le crucifix mit également fin à une épidémie de peste lors d'une procession solennelle organisée à cet effet.

En 1526 la Confraternita del Santissimo Crocifisso fut fondée et en 1568 on construisit l'oratoire qui, au XVIIe siècle, se fit connaître comme lieu de la création de nouveaux genres de musique religieuse.

L'intérieur est admirable et ses murs sont entièrement recouverts de fresques par d'importants artistes de l'époque. Admirez tout particulièrement la *Processione del 1522* de Paris Nogari, l'*Approvazione dello Statuto della Confraternita* (l'« Approbation du statut de la confrérie ») de Baldassare Croce, le *Miracolo del Crocifisso* (le « Miracle du crucifix ») de Pomarancio, l'*Esaltazione della Croce* (l'« Exaltation de la croix ») de Giovanni De' Vecchi et le Miracolo della Vera Croce (Le « Miracle de la vraie croix ») de Niccolò Circignani.

Le crucifix placé sur l'autel est une copie du XVIIIe siècle du crucifix miraculeux conservé dans l'église Saint-Marcel. Depuis 1650, le crucifix original est porté en procession à Saint-Pierre à l'occasion des années saintes. L'archiconfrérie, à laquelle adhèrent environ 120 confréries dans différents pays, organise tous les ans, le samedi qui précède le dimanche des Rameaux, une procession pénitentielle le long de la Via del Corso. Elle s'achève à Saint-Marcel. En outre, l'archiconfrérie célèbre avec une certaine solennité l'anniversaire du miracle du 23 mai et la fête de l'Exaltation de la croix le 14 septembre.

Tuer un homme pour avoir un modèle plus réaliste !

Selon une légende macabre, afin de représenter au mieux la douleur du Christ sur la croix, le sculpteur du crucifix assassina un homme pendant son sommeil pour avoir un modèle le plus réaliste possible.

■ Tél./Fax : 06 6797017
Accès : métro ligne A, station Spagna ou Bernini

Une vue insolite sur la fontaine de Trevi

10 Palais Poli – Piazza dei Crociferi, 53

L'**Istituto Nazionale per la Grafica,** qui occupe le palais Poli et l'immeuble de la Chalcographie, a été créé en 1975 suite à la fusion entre la Calcografia Nazionale et le Gabinetto delle Stampe. Il a hérité des fonctions et des matériaux de la Calcografia Camerale pontificale et héberge de nombreuses estampes, des milliers de matrices en cuivre et des dessins conservés précédemment dans la villa Farnesina.

L'immeuble de la Chalcographie fut construit dans un style néoclassique par Giuseppe Valadier afin d'accueillir la collection de planches en cuivre de la Reverenda Camera Apostolica. À la suite d'une restauration récente, une chalcothèque a été aménagée pour la conservation des matrices historiques et une nouvelle imprimerie, des salles pour les expositions provisoires et des archives de photos historiques ont été ajoutées.

Pendant la visite, approchez des fenêtres des salons qui donnent sur la fontaine afin d'admirer le spectacle aquatique le plus connu de la ville à partir d'un point de vue insolite : au lieu de se trouver face à la fontaine, au milieu de la foule et au niveau de la rue, on peut bénéficier tranquillement du spectacle de l'arrière de la fontaine.

Le palais, qui à l'origine s'appelait Palazzo Ceri, changea de nom en 1678 lorsqu'il devint la propriété de la famille Poli, qui l'agrandit. Ce serait sans doute un obscur édifice comme tant d'autres si le pape Clément XII n'avait organisé un concours en 1731 pour la création d'une grande fontaine en choisissant comme toile de fond la belle façade du palais Poli.

En 1732 débuta ainsi la construction sur la base du projet de Niccolò Salvi. Le projet Salvi, fortement influencé par le Bernin, fit en sorte que l'architecture, la façade, les sculptures et la fontaine se fondent en un ensemble donnant ainsi vie à l'une des fontaines les plus célèbres du monde.

La fontaine fut inaugurée en 1735 par le pape Clément XII. En 1744, alors que les travaux étaient encore en cours, le pape Benoît XIV organisa une deuxième inauguration, mais la fontaine demeura en chantier après la mort de Salvi en 1751. Le projet ne fut mené à bien qu'en 1762 par Giuseppe Panini, durant le pontificat de Clément XIII.

■ Accès : métro ligne A, station Spagna ou Barberini

L'appartement de la princesse Isabelle

11 Galerie Colonna – Piazza SS. Apostoli, 66

La galerie du palais **Colonna** est sans doute l'un des trésors artistiques les plus précieux d'Italie et trop rares sont ceux qui savent que depuis 1946 la galerie est ouverte aux visiteurs une fois par semaine, le samedi matin.

En outre, en contactant l'administration du palais et en réservant à l'avance, on peut visiter les parties du palais qui sont habituellement fermées au public : la galerie, une série de salles et l'appartement de la princesse Isabelle Sursock Colonna, qui y résida jusqu'à la fin des années 1980.

Ne ratez pas cette visite privée exceptionnelle : les salles de l'appartement qui donnent sur le jardin intérieur abritent des œuvres majeures, comme les fresques du célèbre peintre Bernardino di Betto, dit il Pinturicchio, une superbe collection de tableaux de peintres flamands, parmi lesquels se distinguent entre autres les extraordinaires œuvres sur cuivre de Jan Bruegel, dit Bruegel de Velours, la riche collection de panoramas de Gaspard Van Wittel, connu en Italie sous le nom de Vanvitelli, et les décorations de Gaspard Dughet dit le Guaspre ou Gaspard Poussin, mais aussi de Crescenzio Onofri, de Pieter Mulier, de Giacinto Gimignani et de Carlo Cesi.

Le boulet de canon du palais Colonna

Tiré du mont Janicule lors des affrontements entre les troupes françaises et les soldats de Garibaldi qui défendaient la République romaine en 1849, un étonnant boulet de canon est encore visible sur le grand escalier qui sépare les deux niveaux de la galerie du palais Colonna. Le projectile fracassa l'une des grandes verrières et traversa la galerie de bout en bout avant de s'encastrer dans les marches où les propriétaires du palais l'ont laissé en souvenir de l'événement.

■ Tél. : 06 6784350 ou 06 6794362
www.galleriacolonna.it pour visites privées et réservations
Accès : métro ligne A, station Spagna ou ligne B, station Colosseo

Musée de la Crèche

12 Via Tor de' Conti, 31/A

À **deux pas des Forums impériaux,** les sous-sols de l'église Santi Quirico e Giulitta recèlent une vraie curiosité : ils hébergent l'étonnant Museo del Presepio (musée de la Crèche) ainsi que le siège de l'Association italienne des amis de la crèche. Fondée à Rome en 1953, l'association a pour but de réunir les nombreux passionnés de cette tradition afin de promouvoir la connaissance de la crèche du point de vue religieux, artistique, historique et technique et d'organiser des cours et des expositions dans toute l'Italie.

Dans le musée sont exposées plus de trois mille crèches provenant du monde entier, des somptueuses crèches napolitaines et siciliennes à une minuscule Nativité renfermée dans une coquille de noix, réalisées avec des matériaux disparates : papier, céramique, feuilles de maïs, plâtre, liège ou plomb.

■ Tél. : 06 6796146
Accès : métro ligne B, station Colosseo

Le monastère de Santa Francesca Romana de la tour de'Specchi

13 Via del Teatro di Marcello, 32

Située au pied du Capitole, l'ancienne demeure où sainte Françoise Romaine choisit d'établir sa congrégation abrite aujourd'hui encore un monastère qui renferme de nombreux trésors presque inconnus du public. On peut visiter ce monastère une fois par an pour découvrir son superbe cloître et ses fresques antiques.

Par un portail en pierre surmonté d'une fresque du XVIIe siècle, on accède ainsi à une salle qui faisait jadis office d'écurie. C'est là que se dresse la Scala Santa (l'« Escalier saint ») qui conduit au petit oratoire du XVe siècle dont les quatre murs sont décorés d'un étonnant cycle de fresques réalisées en 1468, attribuées à Benozzo Gozzoli (certains avancent aussi Antoniazzo Romano ou un disciple de Piero della Francesca). Parmi les scènes qui illustrent la vie de sainte Françoise, on remarquera le très beau panneau où figure la Vierge entre sainte Françoise, l'ange et saint Benoît, ainsi qu'une curieuse représentation de l'enfer peinte à l'intérieur d'une niche.

On visite ensuite une grande salle, qui devait tenir lieu de réfectoire, où un autre cycle de fresques monochromes recouvre un mur entier, ainsi qu'une petite pièce de la tour médiévale degli Specchi, où Françoise s'enfermait pour prier et méditer et où ses vêtements et ses reliques sont conservés aujourd'hui dans une châsse.

Dans la Via del Teatro di Marcello, par une autre entrée, on accède à la partie du monastère qui date du XVIIe siècle. Après avoir traversé les deux premières salles peintes à fresque où se trouvait le « parloir », on pénètre dans un magnifique cloître, difficile à imaginer de l'extérieur, dont l'auteur est sans doute l'architecte Maderno. Orné d'arcades sur trois côtés, il est agrémenté d'un puits octogonal en travertin, de beaux citronniers en pots, de pierres tombales et de pièces archéologiques encastrées dans les murs, qui évoquent la sainte et le monastère. Les bâtiments qui encadrent le cloître furent construits dans les premières années du XVIIe siècle pour augmenter le nombre de cellules, étant donné le nombre croissant des religieuses.

Après le cloître, toujours au rez-de-chaussée, on peut encore visiter une salle et une chapelle, et enfin, si l'on monte un escalier, une autre belle salle peinte à fresque et le chœur de la SS. Annunziata.

■ Tél. : 06 6795281

Le bas-relief des enfants abandonnés

14 Via delle Zoccolette, 22

Au 22 Via delle Zoccolette, un étonnant bas-relief encastré dans le mur représente deux enfants emmaillotés. Il rappelle l'existence d'un orphelinat, aujourd'hui disparu, qui accueillait des enfants abandonnés et leur donnait une éducation.

Construit en 1576 par Domenico Fontana le long du Tibre, le palais des « Cento Preti » était géré par la congrégation du même nom, un hospice pour les mendiants qui avaient voué leur vie à saint François. Quand la congrégation déménagea en 1715, l'hospice devint un hôpital ecclésiastique, mais la partie postérieure, qui donne sur la Via delle Zoccolette, devint un orphelinat. Les filles y apprenaient notamment la broderie ainsi que d'autres tâches ménagères qui pouvaient, si elles avaient de la chance, les aider à se marier.

Le nom de la rue vient également de cet ancien orphelinat : les *zoccolette*, dans le dialecte romain, désignent les enfants abandonnés.

Il existe deux interprétations de l'origine de ce nom. Selon la première, le nom de la rue dériverait des petits sabots (*zoccoli*) que portaient les orphelines. Selon la seconde, plus répandue, le terme de *zoccolette* désignait les prostituées dans le dialecte romain comme dans le dialecte napolitain. Par commisération plutôt que par malveillance, le terme aurait été étendu aux fillettes abandonnées qui étaient vouées à finir sur le trottoir, si elles ne trouvaient ni travail ni mari. Plus simplement, ce nom pourrait venir du fait qu'une partie des enfants abandonnés auraient été des enfants de prostituées.

La légende des quatre têtes du pont Fabricio

15 Pont Fabricio

Les têtes que l'on aperçoit à chaque extrémité du pont Fabricio ont donné au pont son surnom de pont des Quatre Têtes. Leur présence serait due, selon certains, à une étrange légende.

Sixte V (pape de 1585 à 1590) décida pendant son règne d'entreprendre des travaux sur le pont, construit en 62 avant J.-C., afin de lui redonner toute sa splendeur. Il fit appel pour cela à quatre architectes qui ne s'entendirent pas du tout sur la façon de mener à bien le travail. Le pape, ayant eu vent de leur mésentente qui tournait à la haine et aux sabotages, les fit décapiter en raison de leur comportement peu chrétien. Le travail, néanmoins, avait été parfaitement réalisé ; le pape décida donc d'ériger en leur honneur un petit monument qui regrouperait leurs quatre têtes.

Si la légende est pittoresque, il semblerait toutefois qu'elle ne corresponde pas totalement à la réalité : ces deux blocs de quatre têtes seraient en fait des bornes frontières ou bornes de carrefour à tête d'Hermès. Dieu protecteur des rues et des voyageurs, Hermès (parfois mêlé à d'autres divinités ou à des personnages illustres) était représenté sur ces bornes pittoresques afin de marquer les frontières et de délimiter les propriétés.

Les trésors cachés des banques romaines

Beaucoup d'Italiens (et davantage encore de touristes) ignorent qu'on peut désormais visiter, dans plusieurs villes d'Italie, une série de palais occupés par des banques. Ces palais ne sont toutefois ouverts au public qu'un jour par an, à l'occasion d'un événement organisé par l'ABI (Association bancaire italienne) et intitulé Invito a Palazzo (« Invitation au palais »).

Les banques qui participent à cette initiative font partie d'un circuit de visites guidées grâce auquel les amateurs de trésors artistiques cachés peuvent accéder gratuitement aux splendides salles de palais historiques, aux villas et aux jardins dont l'accès est d'ordinaire interdit au public.

Le siège de l'UniCredit Banca di Roma (Via del Corso) abrite un curieux escalier hélicoïdal à plan ovale érigé en 1713 pour le marquis De Carolis par le fameux Alessandro Specchi, architecte du palais et héritier spirituel de Borromini. Les fresques et les toiles qui décorent le premier étage sont, elles, l'œuvre d'artistes tels que Giuseppe Bartolomeo Chiari, Sebastiano Conca ou Andrea Procaccini.

Sur la Piazza del Gesù, le palais Altieri (création du célèbre architecte Giovanni Antonio De Rossi), renferme lui aussi de nombreux chefs-d'œuvre : le plafond du siège de la Banca Finnat Euramerica est orné d'une superbe fresque de Canuti, *L'Apothéose de Romulus*, celui de l'ABI, d'une fresque de Maratta, *L'Allégorie de la clémence*, alors que la salle de représentation du Banco Popolare, au deuxième étage, est garnie de sculptures, de tapisseries, de meubles de grande valeur et d'une importante collection de peintures sacrées, de paysages et de scènes de genre.

L'immeuble de la direction générale de la BNL, Via Veneto, a été réalisé dans les années 1930 par l'architecte Piacentini et ses salles comportent des statues antiques et une collection de tableaux qui va de chefs-d'œuvre de Lotto et de Canaletto à des toiles plus modernes de Corot ou de Morandi. Ne manquez pas non plus les autres banques, dont la chapelle du Mont-de-Piété (voir page 226), le siège du Banco di Sicilia dans le palais Mancini, celui de la Banca Antonveneta dans le palais Rondinini et celui du Mediocredito Centrale dans le pavillon Casati, résidence de la très mondaine marquise Casati Stampa, célèbre pour sa relation sentimentale et intellectuelle avec l'écrivain Gabriele D'Annunzio.

■ UniCredit Banca di Roma, Via del Corso, 374 • Banca Finnat Euramerica, ABI (Associazione Bancaria Italiana) et Banco Popolare : Palazzo Altieri, Piazza del Gesù • BNL, Via Veneto, 111 et 119 • Banco di Sicilia : Palazzo Mancini, Via del Corso, 270-272 • Banca Antonveneta : Palazzo Rondinini, Via del Corso, 518 • Mediocredito Centrale : Villino Casati, Via Piemonte, 51

Ouvert le premier samedi d'octobre • Entrée gratuite

La fenêtre murée du palais Mattei

16 **Palazzo Mattei – Piazza Mattei, 19**

Selon la légende, le duc Mattei perdit un jour une grande partie de sa fortune. Quand il apprit la nouvelle, son futur beau-père refusa de lui donner la main de sa fille.

Le duc décida alors de lui montrer qu'il n'avait rien perdu de sa puissance ni de sa noblesse et fit construire, en une nuit, devant son palais, la célèbre fontaine des tortues.

Le palais faisait partie de ce qu'on appelait l'îlot Mattei et sa façade constitue aujourd'hui encore l'un des côtés de la jolie petite place du même nom. Le lendemain, il invita sa belle fiancée et le père de celle-ci dans son palais afin de mettre les choses au clair. Il leur demanda de se pencher à une petite fenêtre d'où l'on pouvait parfaitement admirer la somptueuse fontaine et déclara : «Voilà ce que peut faire, en quelques heures, le malheureux duc Mattei ! »

Le père de la jeune fille présenta ses excuses et confirma finalement qu'il approuvait les noces. En souvenir de ce jour mémorable, le duc fit murer la fenêtre afin que personne ne puisse plus s'y montrer. Et c'est ainsi qu'on peut encore la voir aujourd'hui.

La fontaine fut réalisée vers 1585 par le Florentin Taddeo Landini d'après un plan de Giacomo della Porta. Il semble que sur l'ébauche originale les éphèbes de bronze devaient pousser des dauphins dans la vasque supérieure, et non les tortues auxquelles la fontaine doit son nom. Attribuées au Bernin, celles-ci furent ajoutées par la suite, mais ont été remplacées depuis par des copies, les originales étant conservées au musée du Capitole.

Pourquoi y a-t-il fréquemment du vent sur la place del Gesù ?

Selon une tradition populaire, la place devant l'église jésuite du Gesù est très souvent sujette aux vents. Selon un récit relaté par Stendhal, un jour, le Vent, en promenade avec Satan, arriva devant l'église des Jésuites. Satan, qui devait s'y charger d'une mission, demanda au Vent de l'attendre un instant et entra dans l'église. Le Vent accepta volontiers, il attendit un jour, puis deux. D'après la légende, il serait toujours là à attendre...

CENTRE-OUEST

TEVERE
Nona
Via Rondinella
L. Tor di Nona
L. Altoviti
Pza Ponte S. Angelo
S. SALVATORE IN LAURO
Pza S. Salvatore in Lauro
PAL. ALTEMPS
AGOSTINO
Via d. Orso
Via Zanardelli
V. d. Acquasparta
Pza Lancellotti
Via dei Coronari
Pza Tor Sanguigna
Via Tor Apollinare
Pza Fiammetta
S. MARIA D. PACE
S. LUIGI DEI FRANCESI
PIAZZA NAVONA
S. AGNESE IN AGONE
Fna D. FIUMI
PAL. MADAMA
SENATO
S. IVO
TEATRO VALLE
Corso Rinascimento
Via d. Governo Vecchio
CHIESA NUOVA
Pza d. Chiesa Nuova
Corso Vittorio Emanuele II
S. LORENZO IN DAMASO
PAL. D. CANCELLERIA
Via dei Banchi Nuovi
Via d. Banchi Vecchi
Via Giulia
Pza d. Orologio
Via d. Pace
Via d. Parione
Vic. d. Fico
V. d. Anima
Pza Pasquino
Pza d. Massimi
Lgo Febo
Via dei Tor Millina
Corso Sangallo
Largo Tassoni
Via d. Panico
V. S. Giuliano
Via Sora
Via Savelli
Via Larga
Via Cerri
Via Filippini
Via Cesarini
Pza S. Agostino
Pza Sforza Cesarini
Via d. Pavone
Vic. d. Malpasso
Vic. d. Moretta
V. d. Cimatori
Vic. d. Palle
Via Dogana Vecchia
V. d. Staderari
V. Granari
V. Canestrari
Via d. Cuccagna
Pza S. Eustachio
Pza d. Capretta
V. Monterone
333
206
1
2
3
4
5
6
7
8
9
10
11
12
13
14
21
26
27
28
29
30
31
32
33
34

Ponte G. Mazzini
Lungotevere
Lungotevere della Farnesina
Lungotevere dei Tebaldi
Lungotevere dei Vallati
PIAZZA CAMPO DEI FIORI
S. ANDREA D. VALLE
S. CARLO AL CATINARI
PAL. FARNESE
S. MARIA DELLA MORTE
PALAZZO SPADA
VILLA FARNESINA
PALAZZO CORSINI
PORTA SETTIMIANA
S. DOROTEA
MINISTERO DI GRAZIA E GIUSTIZIA
Ponte Sisto
Via d. Barchetta
Via di Montoro
Arco d. Acetari
Via d. Baullari
Vic. d. Gallo
Via Monserrato
Pza S. Caterina della Rota
V. S. Caterina
Via Giulia
V. S. Eligio
V. d. Armata
V. S. Girolamo d. Carità
Pza Farnese
Pza d. Quercia
Vic. d. Grotte
V. d. Balestrari
Via dei Capellari
Via d. Baullari
Vic. d. Bovari
Pza Pollarola
Pza Paradiso
Pza d. Biscione
Lgo d. Pallaro
Largo d. Chiavari
Pza Vidoni
Andrea d. Valle
Vittorio
Via d. Chiavari
Grotta Pinta
Pza d. Satiri
Via d. Monte d. Farina
Lgo dei Librari
Via dei Giubbonari
Pza Capo Ferro
Vic. d. Polverone
Vic. d. Arcaccio
Via dei Pettinari
V. d. Arco del Monte
Pza del Monte di Pietà
Pza Trinità Pellegrini
Pza S. Salv. in C.
V. S. Paolo a. Regola
Pza S. P. alla Regola
Via d. Conservatorio
V. S. M. in Monticelli
Via d. Specchi
Vic. Catinari
B. Cairoli
V. d. Seggiola
Pza Cenci
V. B. Cenci
V. S. B. de' Vaccinari
V. d. Strengari
Zoccolette
Pza S. Vincenzo Pallotti
Via d. Lungara
Via Corsini
V. d. Porta Settimiana
Vic. Moroni
Vic. d. Quartiere
V. di Ponte Sisto
V. S. Dorotea
Via della Riari
Piazza
75
35
36
37
38
40
41
42
13
44
45
46
47
48
59
58
14
15
16
17
18
19
20

Visite privée du palais Sacchetti

1 Via Giulia, 66

L**e somptueux palais Sacchetti** est aujourd'hui encore la résidence de la famille du même nom, ce qui explique pourquoi il est moins célèbre que d'autres palais romains, même s'il a été construit et décoré par des artistes aussi illustres qu'Antonio da Sangallo et Francesco Salviati.

À la mort de Sangallo, le premier propriétaire, le palais fut racheté par le cardinal Ricci di Montepulciano, qui chargea Nanni di Baccio Bigio d'y apporter quelques modifications, dont ce chef-d'œuvre qu'est la salle des Mappemondes, avec ses murs peints à fresque par Salviati, où sont décrits des épisodes du Nouveau et de l'Ancien Testament. Les décorations aux sujets allégoriques et mythologiques de la majestueuse galerie ont été réalisées par Giacomo Rocca.

Au milieu du XVIIe siècle, le palais devint la propriété du cardinal Giulio Sacchetti, membre d'une famille de marchands et de banquiers florentins, lequel ne tarda pas à se faire une place prestigieuse au sein de la société romaine en obtenant le titre de marquis, en achetant de vastes propriétés dans la campagne du Latium et en se lançant avec enthousiasme dans des entreprises de mécénat.

Lorsqu'il prit place dans ce somptueux palais, le cardinal Giulio Sacchetti ne changea pas grand-chose, mais il commença à rassembler des centaines d'objets précieux, pièces archéologiques et œuvres d'artistes de l'époque, dont une vingtaine de tableaux de Pierre de Cortone. Il ne reste que deux œuvres de cette remarquable collection, *Adam et Ève* et *La Sainte Famille*. Les autres ont été dispersées, la fortune des Sacchetti ayant connu un net déclin au début du XVIIIe siècle après une ascension fulgurante, jusqu'à l'époque du cardinal Giulio justement, qui faillit devenir pape.

Du côté du palais qui domine le Tibre, un nymphée, récemment restauré, continue d'agrémenter le jardin qui, avant la construction des quais, descendait jusqu'au fleuve. À l'intérieur de petites arcades, deux niches ornées d'un bassin et de satyres soulèvent un pan de tenture sur une vue de Rome imaginaire. En haut, on remarquera les cartouches arborant les blasons de la famille, surmontés d'éphèbes. Outre les stucs, les faux marbres et les mosaïques, les procédés artistiques utilisés ici sont très originaux : de véritables coquilles enchâssées à plusieurs endroits alternent avec des festons de fruits et de fleurs recouverts de motifs en verre coloré, sans parler des *tartari* (« tartres »), croûtes calcaires qui imitent les stalactites et les stalagmites.

■ Tél. : 06 68308950
Visites sur demande réservées aux associations culturelles ou aux groupes

Oratoire du Gonfalone

2 Via Gonfalone, 32/A

C**aché** au bout de l'une des nombreuses rues perpendiculaires à la Via Giulia, l'oratoire du Gonfalone est une petite merveille construite au XVIe siècle. Il appartenait autrefois à l'importante Confraternita di Santa Lucia del Gonfalone. Restauré entre 1998 et 2002, l'oratoire est encore peu connu, malgré son utilisation comme salle de concert. Il est pourtant un exemple extraordinaire de maniérisme romain. Si la petite façade de l'édifice, œuvre de Domenico Castelli, n'impressionne pas particulièrement, l'intérieur, superbe, est entièrement couvert de fresques. L'extraordinaire cycle de fresques représente la Passion du Christ, en douze épisodes. Elles ont été exécutées en 1573 par F. Zuccari, L. Agresti, C. Nebbia, J. Bertoja, R. da Reggio et M. Pino.

Le plafond en bois sculpté, œuvre d'Ambrogio Bonazzini, date de 1568.

■ Tél. : 06 6875952

Ouvert au moment des concerts ou sur réservation

Musée de la Criminologie

3 Via del Gonfalone, 29

Ce musée exceptionnel offre une reconstitution détaillée et fascinante de l'histoire du crime.

Au premier étage, dans la section du XIXe siècle, sont présentées les études d'anthropologie criminelle, les techniques utilisées par la police scientifique, l'histoire des prisons, la naissance des hôpitaux psychiatriques judiciaires pourvus de lits de contention et de camisoles de force. On trouve ensuite les espaces dédiés aux attentats politiques, aux différentes méthodes d'identification des criminels, de la dactyloscopie à la photo signalétique, et la partie consacrée à la justice du Moyen Âge au XIXe siècle. Ce dernier espace contient, spectacle impressionnant, des instruments employés par les inquisiteurs

afin d'obtenir les aveux, de pratiquer la torture et d'appliquer la peine de mort. Remarquez entre autres le pilori, la chaise de torture, le banc pour la flagellation, la hache pour la décapitation ou l'épée de justice avec laquelle on décapita Beatrice Cenci en 1599.

Au deuxième étage est exposée une collection d'objets provenant de prisons italiennes des années 1930 jusqu'aux années 1990, de témoignages de phénomènes déviants et criminels, tels que l'espionnage, la criminalité organisée (des objets qui ont appartenu à Salvatore Giuliano et à Gaspare Pisciotta, la bague de Gennaro Cuocolo, les pistolets de Pupetta Maresca), le terrorisme, le jeu de hasard ou les falsifications d'œuvres d'art.

Enfin, un secteur est réservé aux homicides et aux faits divers qui suscitèrent beaucoup d'intérêt dans les années qui suivirent la Seconde Guerre mondiale.

■ Tél. : 06 68300234

Les pièces secrètes de saint Philippe Neri

Église Santa Maria in Vallicella (Chiesa Nuova)

4 Piazza della Chiesa Nuova

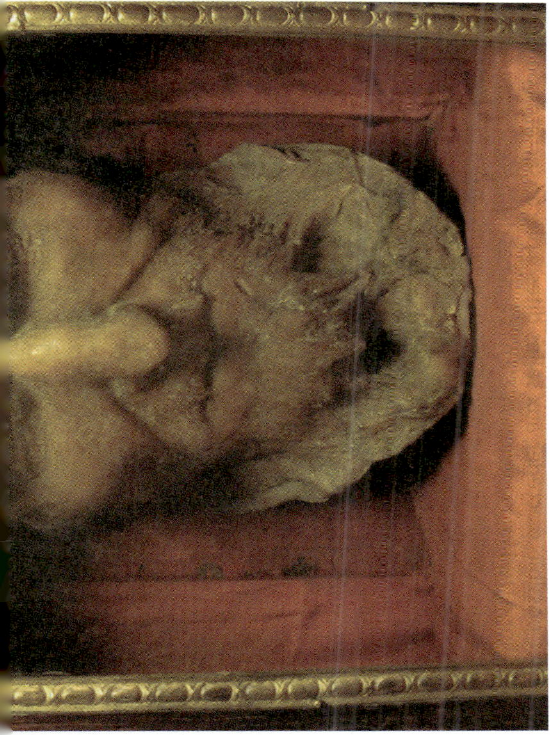

Concerts spirituels dans la sacristie de la Chiesa Nuova

Une fois par mois, d'octobre à juin, des concerts spirituels, selon la tradition retrouvée de saint Philippe Neri, ont lieu à 21h dans la superbe sacristie de la Chiesa Nuova.
Entrée gratuite, réservation obligatoire : padre.rocco@hotmail.com ou musicaperduta@gmail.com. Entrée par la Via di Chiesa Nuova, 3.

Saint Philippe Neri : un saint dont le cœur doubla de volume en recevant l'Esprit saint

Fondateur de la congrégation de l'Oratoire dite aussi congrégation des Philippins, en mémoire de son prénom, saint Philippe Neri (1515-1594) fut souvent surnommé le saint de la joie, pour son côté enjoué. S'inspirant des premières communautés chrétiennes, il voulait ancrer au quotidien une vie spirituelle intense, fondée sur la prière (il fut l'un des premiers à regrouper autour de lui des laïcs avec lesquels il priait), la lecture, la méditation de la parole de Dieu et les louanges du Seigneur, principalement par le chant et la musique. Selon lui, la musique était un moyen privilégié pour toucher le cœur des hommes et les amener à Dieu (voir à ce sujet la trappe dans la bibliothèque Vallicelliana pour écouter la musique venant de l'oratoire situé en dessous, page 197). Il fut ainsi l'un des ardents défenseurs de la renaissance de la musique sacrée. En 1544, alors que le saint priait dans les catacombes de San Sebastiano sur les tombes des premiers martyrs, son cœur fut soudain envahi d'une immense joie et une lumière très intense l'illumina. En levant les yeux, le saint vit une boule de feu qui se posa sur sa bouche et pénétra dans sa poitrine. Son cœur, au contact de

Le tableau motorisé de Rubens

Église Santa Maria in Vallicella (Chiesa Nuova)

5 Piazza della Chiesa Nuova

Une fois par semaine, après la messe du samedi soir, les fidèles de la Chiesa Nuova peuvent assister à un très curieux spectacle : à l'aide d'une télécommande, le sacristain fait en effet descendre physiquement un tableau de Rubens pour laisser apparaître, derrière lui, une icône miraculeuse de la Vierge.

L'origine de ce phénomène remonte au début du XVIe siècle.

À cette époque, une fresque représentant la Vierge et l'Enfant était exposée dehors, sur la façade d'un bain public, à l'emplacement actuel de l'abside de l'église. En 1535, un incroyant lança une pierre sur la représentation de la Vierge et celle-ci, miraculeusement, se mit à saigner. L'image fut mise à l'abri à l'intérieur de l'ancienne église de la Vallicella. À la construction de la nouvelle église, suite à l'installation de la congrégation de l'ordre de saint Philippe Neri, on plaça l'image sacrée dans la première chapelle à droite. Rapidement, néanmoins, les conditions de préservation de l'image miraculeuse se dégradèrent et il fut décidé, pour sa sauvegarde, de la placer derrière l'autel. En 1606, on demanda à Rubens de peindre une toile qui servirait de protection à l'image de la Vierge.

Après un premier essai raté, Rubens peignit ainsi en 1608 une toile nommée *Anges adorant la Madonna Vallicelliana* qui avait donc la particularité de posséder en son sommet une partie que l'on pouvait faire coulisser, afin de donner à voir, derrière elle, la fameuse fresque de la Vierge miraculeuse qu'elle était censée protéger.

■ Tél. : 06 68808441

Descente du tableau de Rubens après la messe du soir le samedi, remontée du tableau le dimanche soir après la messe

La salle monumentale de la bibliothèque Vallicelliana

6 Piazza della Chiesa Nuova, 18

Peu de gens connaissent la majestueuse salle monumentale de la bibliothèque Vallicelliana, qui fait partie du palais de l'Oratoire des Philippins (l'ordre fondé par saint Philippe Neri). Dès qu'on en franchit le seuil, il est difficile de ne pas tomber sous le charme de cette grande salle rectangulaire aux dimensions inimaginables de l'extérieur et dont la lumière provient de seize fenêtres en surplomb.

Orné de stucs, de boiseries et de toiles monochromes de G. B. Romanelli, le plafond est prodigieusement lumineux. Quatre escaliers en colimaçon ont été dissimulés aux quatre coins de la salle pour ne pas briser l'homogénéité des murs recouverts de livres. Le splendide rayonnage en bois du XVIIe siècle est divisé en deux niveaux par une galerie soutenue par des colonnes.

Les premiers documents relatifs à l'ordre fondé par le prêtre florentin en 1565 remontent à 1581, mais son expansion, et le besoin d'espace pour ranger les ouvrages de plus en plus nombreux grâce aux donations, nécessita une extension du palais. Francesco Borromini la mena à bien de 1637 à 1652.

Comme l'exigeait la règle, les Philippins accordaient beaucoup d'importance aux livres, chaque repas étant par exemple accompagné de la lecture ou du commentaire d'un texte sacré. Constituée à l'origine des ouvrages personnels de saint Philippe Neri, la bibliothèque ne cessa de s'enrichir au fil des ans pour arriver à un total actuel d'environ 130 000 volumes, parmi lesquels

on compte de précieux manuscrits, des incunables, des livres illustrés et des partitions de musique. La plupart traitent d'histoire et de théologie, mais aussi de philosophie, de droit, de botanique, d'astronomie, d'architecture et de médecine, sans compter une exceptionnelle collection de gravures et de photographies.

La trappe de la bibliothèque

Saint Philippe Neri affirmait que la musique était une « pêcheuse d'âmes » et la meilleure forme de divertissement spirituel. Dans la bibliothèque, on trouve ainsi une trappe qui communique avec l'oratoire situé au-dessous afin de pouvoir entendre la musique qui y était jouée et de trouver l'inspiration.

■ Pour une visite guidée gratuite de la salle monumentale et pour obtenir le programme des expositions temporaires, envoyer un e-mail à l'adresse suivante : b-vall.servizi@beniculturali.it ou un fax au 06 6893868
Pour tout renseignement, contacter Maria Teresa Erba au 06 6875289
E-mail : mariateresa.erba@beniculturali.it

L'hospice des Piceni

7 Via San Salvatore in Lauro, 15

Pratiquement inconnu du grand public, l'Ospizio dei Piceni, avec ses différents édifices, sa cour, son jardin et son cloître, est un ensemble d'une beauté extraordinaire.

Annexé à l'église San Salvatore in Lauro, bien plus connue, l'hospice des Piceni fut l'un des plus importants de la ville et hébergea en très grand nombre les personnes provenant des Marches qui s'installaient à Rome pour y vivre ou simplement pour visiter la ville.

La Confraternita dei Piceni, qui avait pris possession de l'église et de l'ensemble monastique adjacent en 1669, offrit pendant longtemps assistance aux personnes provenant de la même région.

L'entrée se fait par le premier porche à gauche de l'église. Après quelques pas, on arrive à l'intérieur d'un spectaculaire cloître du XVe siècle surmonté d'une loggia. À côté du cloître s'ouvre une petite cour agrémentée d'une fontaine et d'un beau portail qui donne accès à la salle capitulaire. Quelques tombes importantes comme celle du pape Eugène IV se trouvent également là.

Outre son importance historique et sa beauté artistique et architecturale, mise en évidence par une longue et savante restauration, l'hospice cache une autre petite merveille.

En haut de l'escalier du XVIe siècle, un superbe espace, composé de deux salles voûtées et d'un bras surélevé sur le portique du jardin, pourvu d'un beau plafond à chevrons, abrite aujourd'hui un musée, donation du peintre Umberto Mastroianni.

La porte adjacente à celle du musée Mastroianni est l'entrée de la Fondazione Emilio Greco.

Le Pio Sodalizio dei Piceni organise également des expositions, des spectacles de musique et des représentations théâtrales.

Palais Scapucci

8 Via dei Portoghesi, 18

Comportant une tour de quatre étages en briques du Moyen Âge plusieurs fois restaurée, le palais Scapucci doit son nom à la noble famille romaine à laquelle il appartenait aux XVIe et XVIIe siècles.

À son sommet, une statue intriguera le promeneur.

La tour du Singe évoque une légende romaine rendue célèbre par le récit du romancier américain Nathaniel Hawthorne dans *The Marble Faun* : on raconte qu'un singe domestique aurait enlevé de son berceau le nouveau-né de son maître pour l'emmener en haut de la tour, tout en sautillant et en jouant dangereusement au milieu des créneaux.

Les parents adressèrent alors à la Vierge des prières désespérées, lui promettant de construire et de lui consacrer un tabernacle au cas où l'enfant serait sauvé. Ils furent écoutés : le singe descendit et ramena l'enfant sain et sauf.

C'est de cette époque que datent la statue de la Madone et la lanterne placées au sommet de la tour.

■ Accès : métro ligne A, station Spagna

L'atelier Mortet

9 Via dei Portoghesi, 18

Il est recommandé d'entrer dans la cour du palais dont fait partie la tour du Singe pour découvrir le fascinant atelier des Mortet, famille de ciseleurs d'or et d'argent.

L'atelier comporte plusieurs pièces : la première ressemble plutôt à un bureau, elle est pourvue d'une belle vitrine pour l'exposition, et surtout utilisée pour l'accueil des clients ; la deuxième constitue l'atelier proprement dit.

Depuis plus de quarante ans, Aurelio Mortet exerce ce métier avec une passion qui s'est transmise de génération en génération. Les fils Dante et Andrea ainsi que le petit-fils

Paolo travaillent ensemble avec beaucoup d'enthousiasme, accueillant chaleureusement les visiteurs.

Dans les mains des Mortet, l'or et l'argent prennent d'innombrables formes pour des commandes souvent importantes telles que la plume d'or de Jean XXIII ou la bague et la croix de Paul VI.

Parmi les pièces les plus originales, on trouve la reproduction des fontaines romaines dotées de *nasoni umbertini* (petites fontaines en fonte garnies d'un robinet qui reproduit le grand nez du roi d'Italie Humbert Ier) et de la Fontana delle Tartarughe (« fontaine aux tortues ») sur la Piazza Mattei.

Parmi leurs récentes réalisations, notons la reproduction de la Coupe du monde 2006 pour les joueurs de l'équipe d'Italie.

■ Accès : métro ligne A, station Spagna

Visite de la bibliothèque Angelica

10 Piazza S. Agostino, 8

La bibliothèque Angelica est la plus vieille bibliothèque publique de Rome et l'une des premières d'Europe. L'ensemble est d'une rare beauté et l'endroit exhale une atmosphère secrète et si feutrée que l'on a l'impression de voyager dans le temps.

Les amateurs pourront profiter de ces merveilleuses salles de lecture et des précieux ouvrages qui y sont conservés à l'occasion des expositions, des concerts et des visites guidées que l'on y organise régulièrement.

La bibliothèque doit son nom à un évêque augustinien, Angelo Rocca, qui dirigeait la Typographie vaticane durant le pontificat de Sixte V et qui légua sa précieuse bibliothèque aux frères du couvent de Saint-Augustin à la fin du XVIe siècle. Rocca souhaitait que n'importe qui puisse avoir l'usage de la bibliothèque, chose tout à fait extraordinaire à l'époque.

En 1661, Lukas Holste, alors gardien de la bibliothèque vaticane, légua à la bibliothèque Angelica sa prodigieuse collection de volumes imprimés. En 1762, l'acquisition des livres du cardinal Domenico Passionei redoubla ce patrimoine auquel vinrent s'ajouter les ouvrages que le prélat avait acquis en personne au cours de ses voyages dans les pays protestants, ce qui explique pourquoi la bibliothèque comporte des exemplaires de textes interdits dont l'importance est restée fondamentale pour les études sur la Réforme et la

Contre-Réforme. C'est à la même époque que l'on confia à l'architecte Luigi Vanvitelli la mission de restructurer la bibliothèque, sa spectaculaire salle de lecture notamment, où les érudits se réunissent toujours aujourd'hui.
Plus de 200 000 volumes y sont conservés, dont la moitié furent publiés entre le XVe et le XVIIIe siècle. Les sections les plus importantes de la bibliothèque sont consacrées à l'histoire de la Réforme et de la Contre-Réforme et à la pensée augustinienne, mais aussi à Dante, à Pétrarque et à Boccace, au théâtre du XVe au XVIIIe siècle, à des revues italiennes et étrangères des XVIIe et XVIIIe siècles et à des ouvrages sur Rome. L'endroit est également riche en œuvres anciennes d'une grande valeur artistique, à commencer par un manuscrit du IXe siècle où figure le *Liber Memorialis* de l'abbaye de Remiremont, un codex enluminé de la *Divine Comédie* datant du XIVe siècle, ainsi que deux couples de mappemondes de 1603 uniques en Italie.

Depuis 1940, la bibliothèque est en outre le siège de l'Académie littéraire de l'Arcadie (voir p. 318).

■ Tél. : 06 6840801 • E-mail : b-ange@beniculturali.it
Visites de groupes sur rendez-vous ou à l'occasion d'expositions et de concerts

Le palais de la Sapienza et la bibliothèque Alexandrine

11 Corso Rinascimento

L**e palais de la Sapienza** peut être visité le dernier samedi de chaque mois. Siège monumental de l'université de Rome pendant des siècles (laquelle fut transférée dans son siège actuel en 1935), il est occupé aujourd'hui par les Archives nationales. La visite guidée comporte une introduction générale à l'histoire du palais, la visite de la cour, de la salle d'étude, où l'on vous montre quelques documents d'époque, et de la somptueuse bibliothèque Alexandrine, normalement fermée au public. Cette bibliothèque, qui doit son nom au pape Alexandre VII, est une grande salle rectangulaire divisée en trois travées couvertes chacune d'une voûte en calotte. Un des murs internes est décoré de fenêtres en trompe-l'œil. La voûte centrale est ornée d'une fresque représentant le triomphe de la religion, grande œuvre allégorique de Clemente Maioli.

Les superbes rayonnages en bois répartis selon deux ordres sur l'ensemble des murs ont été conçus par Borromini entre 1665 et 1669. Un escalier en colimaçon enchâssé au centre de la paroi ouest permet d'accéder à la coursive de l'ordre supérieur. Les rayonnages y sont couronnés d'éléments en bois sculptés aux motifs rappelant ceux du blason d'Alexandre VII dont on peut voir le buste de marbre, œuvre de Domenico Guidi, dans une niche ovale creusée au centre d'un mur.

La construction du complexe architectural constitué du palais, de la cour et de l'église s'étendit sur une longue période allant du dernier quart du XVIe siècle à la seconde moitié du XVIIe siècle. Sa remarquable réussite esthétique tient à la fusion de l'austère style Renaissance de Giacomo della Porta avec le dynamisme baroque de Francesco Borromini.

C'est au premier que l'on doit la conception du palais dont la forme rectangulaire se déploie autour d'une cour majestueuse entourée d'arcades au rez-de-chaussée et d'une loggia sur trois côtés de l'étage supérieur, tandis que le quatrième referme l'ensemble avec une surprenante paroi constituant une exèdre. Quant à Borromini, il conçut la salle alexandrine, la façade orientale du palais, du côté de l'église S. Eustachio, et la spectaculaire église S. Ivo en recourant à la simple mais essentielle figure de l'exèdre de Giacomo della Porta en guise de façade et en la juxtaposant à la célèbre et inimitable coupole qui se termine en spirale.

■ Tél. : 06 6864987
Visites guidées sur rendez-vous

Si vous préférez le charme secret des somptueuses résidences privées aux musées, vous ne pouvez manquer la visite du palais Patrizi, dans le quartier (*rione*) de Sant'Eustachio.

Le palais se dresse sur un terrain occupé à l'origine par un simple édifice dont Giovanni Francesco Aldobrandini fit l'acquisition en 1596. Giacomo della Porta est sans doute l'auteur de la façade actuelle, commandée par Donna Olimpia Aldobrandini et réalisée par Carlo Maderno. D'origine siennoise, mais apparentés à d'importantes familles romaines, les marquis Patrizi achetèrent le palais en 1642 et lui firent subir de sérieuses modifications, comme la réfection du grand escalier d'honneur sous la direction de Gian Battista Mola, et l'adjonction du troisième étage, de la corniche, de l'attique et de la chapelle. Deux membres de

la famille, Costanzo Patrizi (1589-1624) et Giovanni Battista Patrizi (1658-1727), furent trésoriers du pape et mécènes passionnés d'art. C'est à eux que l'on doit la plupart des tableaux de la collection familiale qui ornent les salles garnies de meubles des XVIIe et XVIIIe siècles, ainsi que la salle à manger, où l'on remarquera un splendide service de porcelaine Maissen.

Des chefs-d'œuvre tels que *La Cène à Emmaüs* du Caravage (aujourd'hui à la pinacothèque de Brera à Milan) ou *Amour et Psyché* d'Artemisia Gentileschi (aujourd'hui au musée de l'Ermitage) donnent une idée précise de l'importance de la collection, même si plusieurs autres œuvres remarquables sont conservées dans le palais. Guidé par le maître de maison, on visite ainsi le second étage – la résidence historique des Patrizi , sur les traces des vicissitudes familiales du temps de la Rome papale, avec l'impression de revivre les fastes passés de cette luxueuse demeure.

■ Tél. : 06 87901173 ou 347 5476534 • www.palazzopatrizi.it
Sur rendez-vous uniquement en contactant Corso Patrizi Montoro

Organiser un dîner pour deux personnes dans le palais Patrizi

La famille Patrizi, qui habite encore aujourd'hui dans le palais portant son nom, offre la possibilité de le louer pour un dîner romantique.

La chapelle privée du palais Massimo alle Colonne

13 Corso Vittorio Emanuele II, 141

Dédiée à saint Philippe Neri en souvenir d'un de ses miracles, la chapelle privée de la famille Massimo ne peut être visitée qu'une fois par an, le 16 mars.

Paolo Massimo, le jeune fils du prince Fabrice, mourut le 16 mars 1583. Saint Philippe était un ami de la famille. À peine apprit-il la nouvelle qu'il accourut pour donner l'ultime bénédiction au jeune garçon. Il se mit à prier à côté du corps et, à force de l'appeler par son nom, il finit par le réveiller et dialoguer avec lui. Le petit Paolo prétendit qu'il était heureux de mourir parce que cela lui permettrait de rejoindre sa mère et sa sœur au paradis. Saint Philippe posa alors sa main sur la tête du jeune garçon et lui dit : « Va, sois béni et prie Dieu pour moi. » Sur ces mots, Paolo rendit l'âme.

Cette histoire resta secrète jusqu'en 1595, année du procès de canonisation de saint Philippe, à l'occasion duquel le prince Fabrizio décida de la révéler. Le miracle s'était accompli dans la chambre du petit garçon, avant que celle-ci ne soit transformée en une chapelle qui fut réaménagée et embellie au fil des siècles. De forme rectangulaire, avec une voûte en berceau, elle comporte huit colonnes de marbre qui soutiennent une architrave décorée et trois autels de marbre polychrome. Clément XI légua les reliques de saint

Clément martyr à l'autel principal, et en 1839, pour célébrer l'anniversaire du miracle, Grégoire XVI éleva la chapelle au rang d'église et commença à l'ouvrir au public une fois par an.

Ce jour-là, pendant toute la matinée, la famille autorise également l'accès à la partie du palais où se trouve la chapelle. Les quelques visiteurs habituels du petit matin – amis intimes de la famille ou dévoués au saint – se transforment au fil des heures en un flot continu de visiteurs curieux, fascinés et émus par l'atmosphère mystérieuse et recueillie qui caractérise cette cérémonie à la fois intime et solennelle.

Au XVIe siècle, la famille Massimo possédait trois bâtiments adjacents, qui existent encore aujourd'hui. On appelle le plus vieux d'entre eux palais Massimo Istoriato (« historié ») à cause des décorations monochromes de l'école de Daniele da Volterra qui ornent la façade du côté de la Piazza de' Massimi. Le palais Massimo di Pirro doit son nom à l'identification erronée d'une statue de Mars. Le plus célèbre est le palais Massimo alle Colonne, avec sa superbe façade concave du Corso Vittorio, que Baldassare Peruzzi construisit sur les ruines de la *cavea* de l'Odéon de Domitien.

■ Ouvert une fois par an, le 16 mars

L'escalier du palais de Gallo Roccagiovine

14 **Piazza Farnese**

Situé face au bien plus important palais Farnèse, ce beau palais passe souvent inaperçu. Construit en 1520 par Baldassare Peruzzi, il s'orne d'un magnifique escalier à la forme très particulière, visible depuis la petite cour intérieure.

Si, de la Piazza Farnese, on entre dans le palais par le portail principal et si l'on s'avance un peu dans la cour, en regardant derrière soi, on se trouve face à l'étonnant escalier principal du palais. Ouvert sur la cour comme une loggia, il s'articule sur trois étages avec une double rampe à l'allure oblique, garni de colonnes, de pilastres et d'une balustrade en marbre et en stuc.

Le palais appartint à Ugo da Spina, puis à Francesco Fusconi da Norcia, avant de passer à la famille Pighini, qui en fut propriétaire pendant plus de deux siècles.

En 1720, l'architecte Alessandro Specchi fut chargé par Pighini de restaurer le palais et ce fut justement lui qui réalisa le surprenant escalier, selon une conception complètement nouvelle par rapport aux escaliers principaux traditionnels enfermés à l'intérieur des palais.

L'arc des « Acetari »

15 Via del Pellegrino, entre les numéros 19 et 41

Le nom d'Arco degli Acetari dérive probablement de celui des vendeurs d'eau vinaigrée d'antan (« vinaigre » se dit *aceto* en italien). Lorsque l'on s'engage sous le petit arc qui se dresse sur la Via del Pellegrino, on arrive sur une place où le temps semble s'être arrêté. Fermée sur les quatre côtés par des maisons très pittoresques qui ont gardé leur aspect médiéval, elle est souvent peuplée de chats qui sommeillent sur les escaliers, sur les balcons fleuris et sur les charrettes en bois.

La seule façon d'y accéder est de passer sous l'arc. La circulation et la pollution du Corso Vittorio et la foule du Campo dei Fiori sont à deux pas, mais ils paraissent bien loin.

Les vestiges du théâtre de Pompée

Inauguré vers la moitié du Ier siècle avant J.-C., le premier et le plus grand théâtre jamais construit à Rome a laissé de nombreux vestiges, même si la plupart ont été incorporés dans les immeubles qui se sont superposés à l'édifice au cours des siècles.

Le théâtre de Pompée fut bâti à la demande de ce dernier en contournant une loi qui interdisait la construction de théâtres en maçonnerie : le célèbre consul fit donc officiellement ériger, sur un haut podium, un temple consacré à la Vénus victorieuse et, en face de celui-ci, une *cavea*, c'est-à-dire un amphithéâtre où s'étageaient les gradins pour les spectateurs, qui mesurait environ 150 mètres de diamètre.

On peut parfaitement distinguer la forme semi-circulaire de la *cavea* intérieure à travers la disposition curviligne des constructions de la **Piazza dei Satiri** et de la **Via di Grottapinta**, alors que la courbe de la *cavea* extérieure se déploie de la **Via del Biscione** à la **Piazza Pollaiola**.

Si l'on entre dans certaines des boutiques de la Via dei Giubbonari et dans les caves des immeubles du quartier, on découvrira des parties des substructures et les voussoirs des voies d'accès aux gradins.

Des vestiges encore plus imposants peuvent être observés aux étages inférieurs des restaurants Da Pancrazio, Grotte del Teatro di Pompeo et Da Costanza, ainsi que dans l'hôtel Teatro di Pompeo, ainsi qu'à l'intérieur du garage de l'hôtel Sole.

Restaurant Da Pancrazio – Via del Biscione, 73
Restaurant Grotte del Teatro di Pompeo – Via del Biscione, 92-94
Restaurant Da Costanza – Piazza del Paradiso, 63-65
Hôtel Teatro di Pompeo – Largo del Pallaro, 8
Hôtel Sole – Via del Biscione, 76

La chapelle du Mont-de-Piété

16 Piazza del Monte di Pietà

Cachée derrière une grille dans la cour intérieure du palais du Mont-de-Piété, la chapelle entièrement revêtue de marbres polychromes et de décorations en stuc est un joyau d'architecture baroque pratiquement inconnu.

En 1639, l'Arciconfraternita del Monte di Pietà commanda les travaux de restauration du palais du même nom et la construction de cette chapelle à Francesco Paparelli, un architecte célèbre à Rome durant la première moitié du XVIIe siècle. Giovanni Antonio De Rossi succéda à Paparelli, qui mourut en 1641, et Carlo Francesco Bizzaccheri lui succéda à son tour pour mener à terme les travaux en 1730 tout en respectant le projet d'origine.

En entrant dans le petit vestibule carré qui mène à la chapelle, construit entre 1700 et 1702, on est impressionné par la beauté du relief de Michele Maglia situé au centre de la voûte, par le médaillon représentant le Père éternel dans les cieux entouré d'anges et par la guirlande de fleurs en stuc doré qui l'entoure, œuvre de Niccolò Berrettoni, de Giovanni Maria Galli da Bibiena et de Filippo Ferrari. Du vestibule, on pénètre dans la chapelle de forme ovale.

L'or des stucs et les couleurs chatoyantes des marbres qui revêtent les parois contrastent avec le bois des portes et le blanc des statues placées dans les niches et des trois grands bas-reliefs situés au-dessus de l'autel.

Les statues représentent les vertus théologales : la Foi, l'Espérance et la Charité, exécutées respectivement par Francesco Moderati, Agostino Cornacchini et Giuseppe Mazzuoli, ainsi que l'Aumône de Bernardino Cametti qui symbolise l'aide donnée par la confrérie aux plus démunis.

Au-dessus de l'autel, l'extraordinaire bas-relief central est de forme très insolite. Datant de 1676, il est l'œuvre de Domenico Guidi et représente la Piété. Les deux autres bas-reliefs de part et d'autre de l'autel représentent Tobie et l'ange, une œuvre de Pierre II Legros, et Joseph en Égypte par Jean-Baptiste Théodon.

La coupole fut décorée en 1696, d'après le projet de l'architecte Carlo Francesco Bizzaccheri, avec des cadres, des coquillages et des ornements végétaux en stuc doré qui raccordent les médaillons en stuc blanc exécutés par Michele Maglia, Lorenzo Ottoni et Simone Giorgini et qui représentent les moments importants de la naissance du Mont-de-Piété.

■ Accès : tram n° 8, station Argentina

Pour des visites privées à réserver en téléphonant à Giovanni Innocenti au 06 67078495

L'étage noble du palais Spada

17 **Piazza Capo di Ferro, 13**

Si de nombreux curieux s'aventurent dans la cour intérieure du palais Spada afin d'admirer la célèbre perspective optique de Borromini et si de nombreux passionnés de la peinture des XVIIe et XVIIIe siècles ont déjà contemplé les tableaux de la Galleria Spada, rares sont ceux qui connaissent le somptueux étage noble du palais Spada. Siège du Conseil d'État, celui-ci est habituellement fermé au public, excepté le premier dimanche du mois.

Construit sur commande du cardinal Girolamo Capodiferro à partir de 1548 par l'architecte Bartolomeo Baronino, le palais comportait dès 1550 des peintures extraordinaires et des décorations en stuc dans la galerie des Stucs et la salle des Quatre Saisons de l'étage noble. Une autre, toujours en stuc (œuvre de Giulio Mazzoni, Diego di Fiandra, Tommaso del Bosco et Leonardo Sormani), ornait la cour intérieure et la façade.

Le cardinal Bernardino Spada acquit le palais en 1632 et commanda à des peintres, des sculpteurs et des architectes une série de nouveaux travaux. Il prolongea le côté gauche du palais sur le Vicolo dell'Arco et le côté droit sur le Vicolo del Polverone. Il créa en outre une galerie de tableaux dans quatre salles de l'aile gauche de l'étage noble (demeurées intactes et de nos jours ouvertes au public), mais il donna surtout libre cours à sa passion pour l'optique et pour l'astronomie.

Sur les parois du salon de Pompée, à côté de la salle des Quatre Saisons, furent peintes de fausses perspectives architecturales. Tout près fut créé le couloir de la méridienne, qui se base sur un point de lumière réfléchi et non pas sur une ombre. Ce cadran catoptrique a été conçu par le père Emmanuel Maignan en 1644 ou 1646, selon les sources.

> Un autre cadran solaire catoptrique existe au couvent de la Trinité-des-Monts (voir page 55 pour avoir un complément d'informations sur les cadrans catoptriques).

■ Tél. : 06 6861158 • www.galleriaborghese.it
Accès : tram n° 8, station Argentina ou Arenula

La bénédiction des femmes enceintes

Église Santa Caterina della Rota

18 Piazza Santa Caterina della Rota

Une fois par semaine, l'église Santa Caterina della Rota propose une bénédiction aussi singulière qu'émouvante. Après la messe dominicale de 11h30, dans une atmosphère solennelle à la lumière des cierges et en présence des frères et des sœurs de part et d'autre de l'autel, les femmes enceintes peuvent se faire bénir par un prêtre de l'archiconfrérie des palefreniers devant l'autel de sainte Anne, mère de la Vierge. Les mamans qui viennent d'accoucher sont également les bienvenues.

C'est en 1929 que l'église Santa Caterina della Rota devint le siège de cette confrérie, à la suite d'un décret de Pie XI : l'église Sainte-Anne-des-Palefreniers (au Vatican, derrière la Porta Angelica), où la confrérie siégea auparavant pendant des siècles, était devenue une paroisse du Vatican.

À gauche de l'autel, on remarquera deux curieux uniformes rouges. Ils appartiennent aux porteurs de la *sedia gestatoria*, la « chaise gestatoire » sur laquelle on portait autrefois le pape au cours de certaines cérémonies. Ces porteurs sont aujourd'hui au service de la famille ecclésiastique pontificale lorsque le Saint-Père accorde ses audiences. Leur confrérie se rattacha à celle des palefreniers à la suite de l'abolition de l'équipage équestre de ces derniers.

- Bénédiction des femmes enceintes tous les dimanches après la messe de 11h30
  Pour la bénédiction, adressez-vous au prêtre avant le début de la messe

L'archiconfrérie des palefreniers

L'archiconfrérie des palefreniers fut créée en 1378 à la demande du pape Urbain VI. Les palefreniers, dont le nom dérive du cheval de parade dit « palefroi », jouaient un rôle comparable à celui des écuyers à la cour. Au service du pape, dont ils étaient très proches, ils jouissaient de sa protection et bénéficièrent au cours des siècles de plusieurs privilèges matériels et spirituels. On leur accorda notamment le pouvoir d'attribuer le titre de docteur en théologie ou ès lettres, de légitimer les enfants naturels et d'absoudre un condamné de n'importe quelle peine, y compris la peine capitale.

La Vierge des palefreniers du Caravage

Au XVIIe siècle, l'archiconfrérie des palefreniers commanda au Caravage une œuvre exceptionnelle, *La Vierge des palefreniers*, réalisée en 1606, mais refusée parce que jugée trop « inconvenante ».

Chapelle Spada

19 San Girolamo della Carità – Via Monserrato, 62

Près de la Piazza Farnese, l'église San Girolamo della Carità abrite un chef-d'œuvre insolite et méconnu de l'art baroque, longtemps attribué à Borromini.

La chapelle Spada est la première chapelle sur la droite quand on accède à l'église par l'entrée principale. Elle fut décorée à l'initiative d'un oratorien (membre de la congrégation de saint Philippe Neri) influent, Virgilio Spada, qui fit sans doute appel à l'architecte Francesco Righi.

Cette chapelle, dont l'originalité tient à de superbes marbres polychromes, est séparée de l'église par une singulière balustrade dessinée par Antonio Giorgetti, un disciple du Bernin. Elle est constituée de deux statues d'anges agenouillés qui soutiennent un grand drap de jaspe. Les ailes des anges sont en bois, et celles de l'ange de droite pivotent sur des gonds afin de permettre l'accès à la chapelle. Les éléments architecturaux ne sont guère nombreux, mais l'intérieur de la chapelle enchantera les amateurs de mosaïques. Le

C’est finalement Scipione Borghese qui acheta ce célèbre tableau. On peut le contempler aujourd’hui à la Galleria Borghese.

jaspe veiné et les marbres précieux évoquent un linge en damas brodé de fleurs, de feuilles d'acanthe, de lys, d'étoiles et d'épées, comme s'il recouvrait le sol et les parois lisses de la chapelle. Les trois derniers motifs (lys, étoiles et épées) sont les symboles de la famille Spada (*Spada* signifie « épée »).

De part et d'autre de l'autel (un simple parallélépipède orné lui aussi d'une précieuse mosaïque de marbre) sont sculptés les gisants de Bernardino Spada (par Ercole Ferrata) et de Giovanni Spada (par Cosimo Fancelli) sur leurs tombes respectives, pareilles à de somptueux divans en marbre noir et jaune.

Selon la tradition, cette église fut construite à l'endroit précis où se dressait la maison de la matrone Paule qui, au IVe siècle après J.-C., hébergea saint Jérôme. C'est cette maison que Domenico Castelli reconstruisit vers la moitié du XVIIe siècle.

Avant de quitter l'église, ne manquez pas la petite et très belle chapelle Antamoro, à gauche du maître-autel, unique œuvre romaine de Filippo Juvarra, et la statue de saint Philippe Néri par Pierre Legros.

La chambre de saint Philippe Néri à l'église San Girolamo della Carità

Saint Philippe Néri vécut pendant plus de trente ans dans le couvent de San Girolamo della Carità (annexe de l'église). Sa chambre, transformée en chapelle, existe encore aujourd'hui.

Pour la visiter, informez-vous au 06 6879786 • www.chiesasangirolamo.org

■ Accès par la Piazza S. Caterina della Rota

Le cimetière hypogée de l'église Santa Maria dell'Orazione e Morte

20 Via Giulia, 262

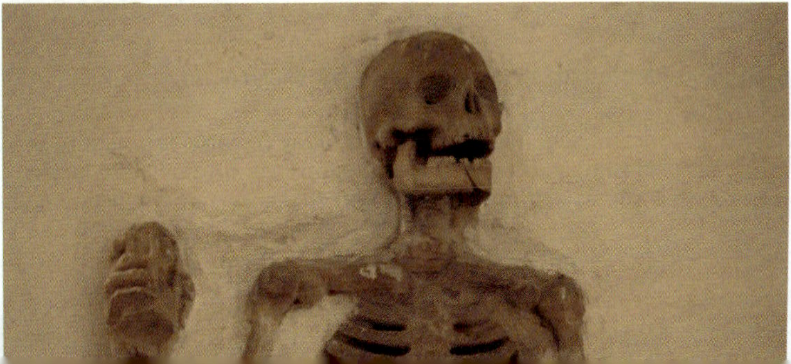

L'église **Santa Maria dell'Orazione e Morte,** siège de l'archiconfrérie du même nom, donne sur la Via Giulia, en face de l'arc Farnese. La façade arbore une plaque où figure un squelette qui met le passant en garde : *Hodie mihi, cras tibi* (« Aujourd'hui, c'est moi ; demain ce sera ton tour »).

À l'intérieur, après avoir observé les décorations riches en symboles nécrologiques, on accède à la crypte en passant par la sacristie, à gauche du maître-autel : on peut y visiter ce qu'il reste de l'ancien cimetière, dont la plus grande partie fut détruite vers 1870, lors de la construction des hautes murailles le long du Tibre, les débordements du fleuve en ayant d'ailleurs inondé plus d'une fois les alvéoles. Deux plaques signalent encore les différents niveaux que l'eau a atteints à l'intérieur du cimetière.

De 1552 à 1896, la confrérie rassembla plus de 8 000 corps, dont bon nombre furent ensevelis dans cette crypte. Partout où l'on trouvait un cadavre sans sépulture, au fond d'un bourbier, rejeté par le Tibre ou par la mer, ou bien couvert de blessures dans un buisson, les membres de la confrérie le récupéraient pour l'inhumer religieusement.

Aujourd'hui, ces galeries ressemblent à un ossuaire dont les décorations artistiques, les croix, les sculptures et les lustres ont été réalisés avec des os et des squelettes. Sur certains crânes exposés, on a en outre gravé le nom du mort, la date et parfois la raison du décès et le lieu où le corps a été retrouvé.

■ E-mail : billa.sapia@tiscali.it

VATICAN ET ALENTOURS

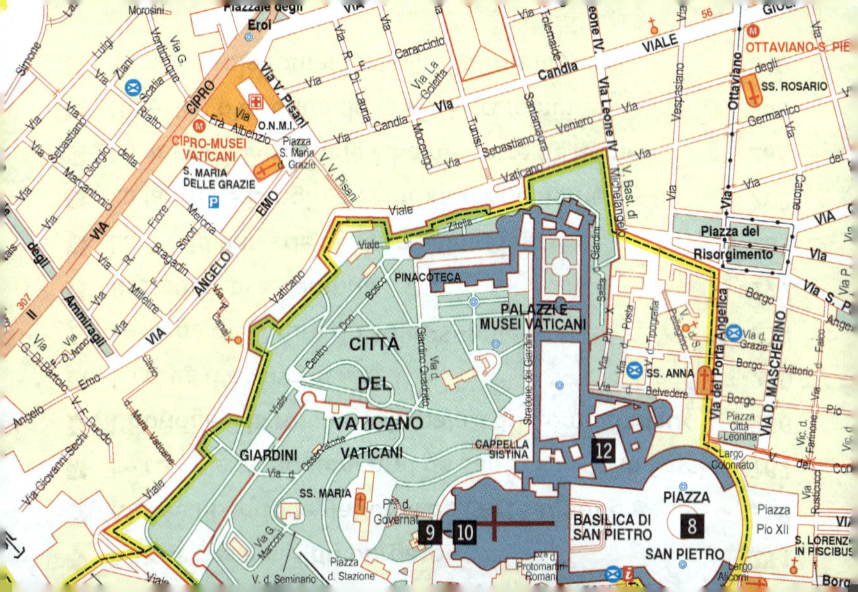

CITTÀ DEL VATICANO
GIARDINI VATICANI
PALAZZI E MUSEI VATICANI
PINACOTECA
CAPPELLA SISTINA
BASILICA DI SAN PIETRO
PIAZZA SAN PIETRO
8
9
10
12
Piazza del Risorgimento
OTTAVIANO-S. PIETRO
CIPRO-MUSEI VATICANI
S. MARIA DELLE GRAZIE
SS. ROSARIO
SS. ANNA
SS. MARIA
S. LORENZO IN PISCIBUS
O.N.M.I.
Piazzale degli Eroi
Via Leone IV
Viale Vaticano
Via di Porta Angelica
Via d. Mascherino
Via Ottaviano
Via Candia
Via Cipro
Via Angelo Emo
Via degli Ammiragli
Via V. Pisani
Via Germanico
Via Vespasiano
V. Bast. di Michelangelo
Borgo Pio
Borgo Vittorio
Piazza Città Leonina
Largo Colonnato
Piazza Pio XII
Via Giovanni Sechi
Via d. Mura Vaticane
Via G. Marconi
Piazza d. Stazione
V. d. Seminario
Stradone dei Giardini
Via d. Giardino Quadrato
Via Mocenigo
Via Santamaura
Via Sebastiano Veniero
Via Tunisi
Via Tolemaide
Via Caracciolo
Via La Goletta
Via R. F. Di Lauria
Via Sebastiano Giorgio
Via Marcantonio
Via Bragadin
Via Sivori
Via Meloria
Via Fiore
Via Rialto
Via Scalia
Via Ziani
Via Luigi
Via G. Venticinque
Via Morosini
Via Simone
Via Catone
Via Crescenzio
56
307

FERROVIARIA
V. d. Perugino
AULA D. UDIENZE
V. d. Stazione Vaticana
Rampa Aurelia
Via Aurelia
PORTA CAVALLEGGERI
Lgo Porta Cavalleggeri
GALLERIA PRINCIPE AMEDEO SAVOIA AOSTA
Via Cavalleggeri
Via Alessandro III
Via d. Stazione
Via A. De Gasperi
Via delle Fornaci
Viale delle Mura Aurelie
Via Urbano VIII
Piazzale Gregorio VII
Via Leone IX
Via Sergio I
Via Nicolò V
Cl. S. Antonino
Via Benedetto XIV
Via Aurelia
Via Paolo III
Via di S. M. Mediatrice
Via Alberici
V. Bonifacio VIII
Via di Porta Fabbrica
V. Card. Agliardi
Via Paolo II
V. d. Crocifisso
Via Innocenzo III
V. C. Lualdi
Pza S. Maria alle Fornaci
V. S. Maria a. Fornaci
Via Pelagio
Via Nicolò III
S. MARIA ALLE FORNACI
V. S. Telesforo
V. S. Liberio
Via di S. Pietro
Via D. Silveri
Rampa d. Mura Aurelie
STAZ. DI S. PIETRO
Pza d. Staz. di S. Pietro
Via G. Missori
Via Nuova delle Fornaci
Piazzale A. Garibaldi
S. ONOFRIO
OSPEDALE BAMBIN GESÙ
Cottolengo
VII
Clivo di Monte del Gallo
Via d. Gelsomino
V. C. Cassetta
Via C. Silj
Via del Cottolengo
Via del Monte del Gallo
V. A. Ranucci
Sal. di Monte del Gallo
Vic. di Monte del Gallo
V. d. Lago Terrione
Via C. Alessandrino
Via del Monte del Gallo
V. d. Argilla
Rampa Brancaleone
Via Jella
V. A. Ceriani
Vicolo d. Vicario
Via Aurelia
Via Cava
Via Roverella
Largo Silverio
Via S. Silverio
Largo Duca F. Borgoncini
GREGORIO
Largo Cardinal Clemente Micara
Via S. Sotero
V. Ormisda
Vicolo del Gelsomino
Evaristo
Damaso
CAR
11
80
172
76
236
M O N

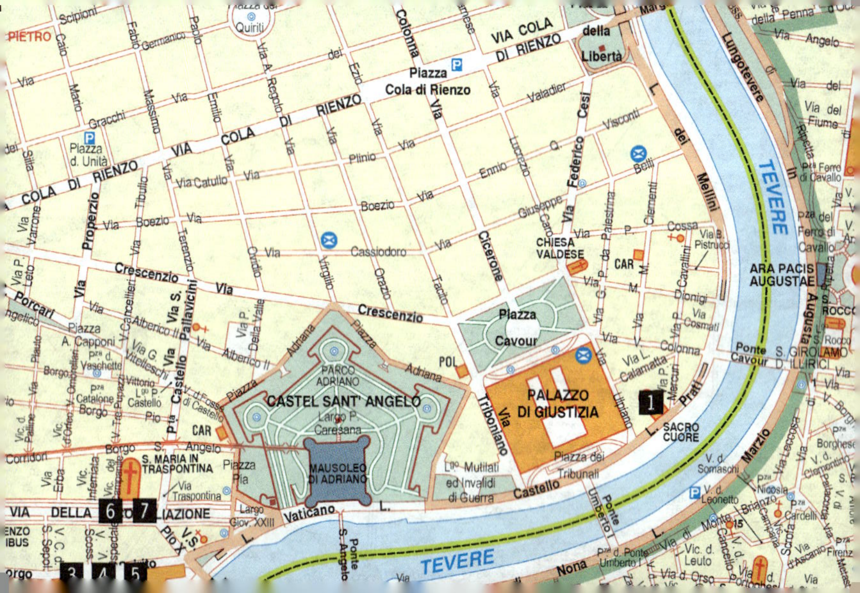

TEVERE
Lungotevere dei Mellini
Lungotevere in Augusta
ARA PACIS AUGUSTAE
Ponte Cavour
S. GIROLAMO D. ILLIRICI
S. ROCCO
VIA COLA DI RIENZO
Piazza Cola di Rienzo
Piazza della Libertà
Via Federico Cesi
Via Cicerone
Via Crescenzio
Piazza Cavour
PALAZZO DI GIUSTIZIA
Via Triboniano
Piazza dei Tribunali
L. Castello
L. Prati
SACRO CUORE
CHIESA VALDESE
CASTEL SANT' ANGELO
PARCO ADRIANO
Largo P. Caresana
MAUSOLEO DI ADRIANO
Piazza Adriana
L.go Mutilati ed Invalidi di Guerra
L. Vaticano
Ponte S. Angelo
Ponte Umberto I
P.za d. Ponte Umberto I
Piazza Pia
Largo Giov. XXIII
S. MARIA IN TRASPONTINA
Via Traspontina
Borgo S. Angelo
Borgo Pio
Corridori
VIA DELLA CONCILIAZIONE
Via Pio X
Via Crescenzio
Via S. Pallavicini
Via Alberico II
Piazza A. Capponi
Via Properzio
Via Cassiodoro
Via Virgilio
Via Orazio
Via Tacito
Via Boezio
Via Plinio
Via Ennio
Via Lucrezio
Via Giuseppe Caro
Via Valadier
Via Visconti
Via Belli
Via Cosma
Via Pistrucci
Via Cavallini
Via Dionigi
Via Cosmati
Via Colonna
Via Calamatta
Via Ulpiano
Piazza d. Unità
Via Catullo
Via Tibullo
Via Terenzio
Via Ovidio
Via A. Regolo
Via Emilio
Via Massimo
Via Gracchi
Via Mario
Via Caio
Via Scipioni
Via Fabio
Via Germanico
Via Paolo
Piazza dei Quiriti
Via dei Ezio
PIETRO
Via Porcari
Via Silla
Via Varrone
Via P. Leto
Via Vitelleschi
CAR
POL
Via della Penna
Via del Fiume
Via Ripetta
Via Angelo
Marzio
Via Leccosa
Via Borghese
Via Nona
Via di Monte
Via d. Orso
Via d. Leuto
Via d. Cancello
TEVERE
1
3 4 5 6 7
15

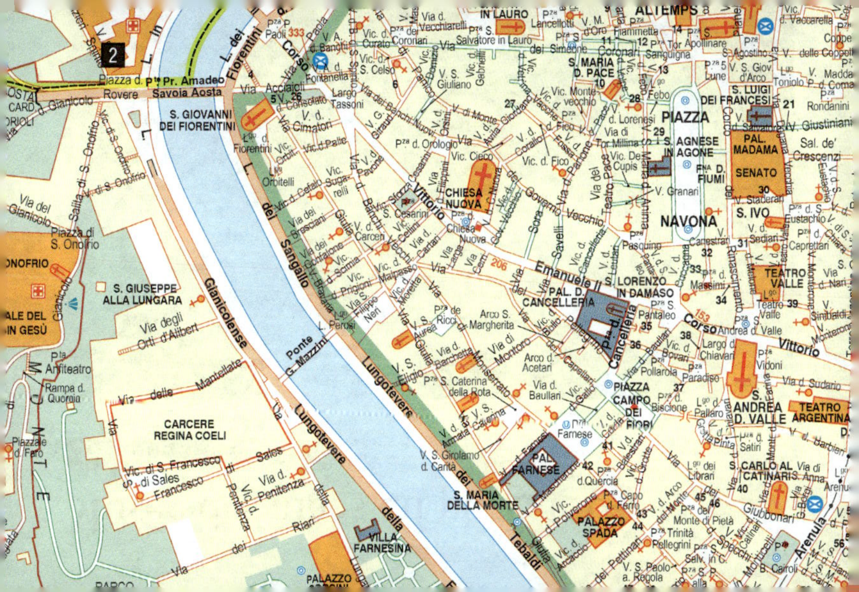

2
PIAZZA NAVONA
S. AGNESE IN AGONE
F.NA D. FIUMI
S. LUIGI DEI FRANCESI
PAL. MADAMA
SENATO
S. IVO
ALTEMPS
IN LAURO
S. MARIA D. PACE
CHIESA NUOVA
S. LORENZO IN DAMASO
PAL. D. CANCELLERIA
PIAZZA CAMPO DEI FIORI
S. ANDREA D. VALLE
TEATRO VALLE
TEATRO ARGENTINA
S. CARLO AL CATINARI
PAL. FARNESE
PALAZZO SPADA
S. MARIA DELLA MORTE
VILLA FARNESINA
CARCERE REGINA COELI
S. GIUSEPPE ALLA LUNGARA
S. GIOVANNI DEI FIORENTINI
Corso Vittorio Emanuele II
Lungotevere dei Sangallo
Lungotevere Tebaldi
Lungotevere della Farnesina
Lungotevere dei Fiorentini
Ponte G. Mazzini
Piazza d. P.te Pr. Amadeo Savoia Aosta
Via della Lungara
Via Giulia
Via dei Coronari
Via del Governo Vecchio
Corso Rinascimento
Via Arenula
Piazza di S. Onofrio
Salita di S. Onofrio
Via del Gianicolo
Via dei Banchi Nuovi
Via di Monserrato
Via dei Giubbonari
Via dei Pettinari
Via di Parione
Via dei Cappellari
Via delle Mantellate
Via della Penitenza
Via di S. Francesco di Sales
Via dei Riari
Via degli Orti d'Alibert
Via Giulia
Largo Tassoni
Via Acciaioli
Vic. d. Curato
Vic. d. Cefalo
Via dei Bresciani
Via del Gonfalone
Piazza Pasquino
Via dei Sediari
Via d. Sudario
Via d. Barbieri
Via Monterone
Largo d. Chiavari
Piazza Farnese
Via del Mascherone
Via dei Baullari
Via d. Balestrari

Musée des âmes du purgatoire

1 Lungotevere Prati, 12

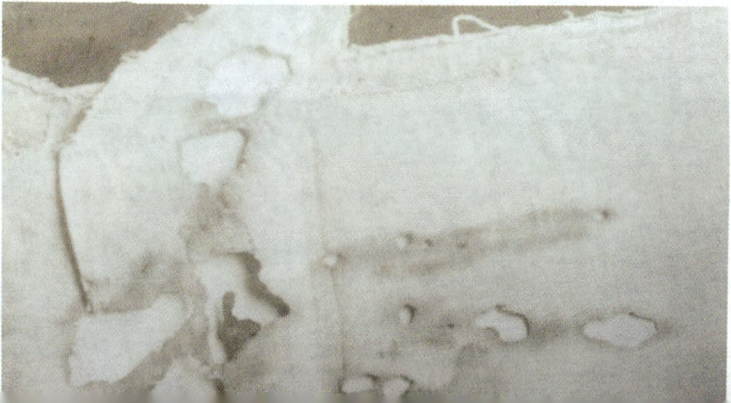

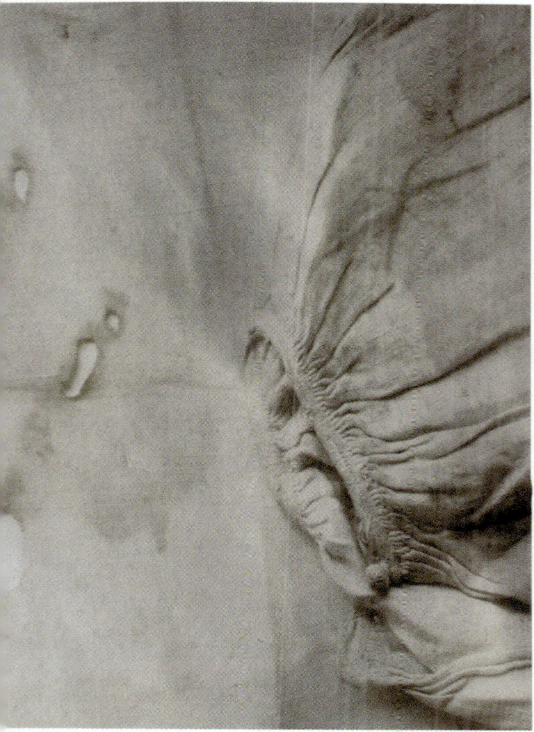

L'église du **Sacro Cuore del Suffragio** fut érigée par la volonté du père marseillais Victor Jouet qui, en 1893, acquit un grand terrain le long du Lungotevere Prati. La particularité de cet édifice, conçu par Giuseppe Gualandi, est d'avoir été entièrement construit en style gothique flamboyant. Certains le nomment d'ailleurs le « petit dôme de Milan ».

En 1897, un incendie se déclencha dans une chapelle, disparue aujourd'hui, dédiée à la Vierge du Rosaire. Lorsque l'incendie fut enfin éteint, les fidèles se rendirent compte que sur une paroi de l'autel, l'image d'un visage qui, dit-on, appartenait à une âme du purgatoire était restée imprimée. Cet événement étonnant poussa le père Jouet à tenter de recueillir d'autres témoignages sur les âmes du purgatoire. Le fruit de ses recherches est conservé aujourd'hui dans une vitrine accrochée au mur d'un petit couloir qui conduit à la sacristie.

Une dizaine de reliques inquiétantes, de tablettes, de tissus, de livres et de photos témoignent ainsi des contacts présumés entre les vivants et les âmes du purgatoire et des signes laissés par les âmes des défunts pour demander prières et indulgences.

Les reliques présentées ici sont assez énigmatiques : l'empreinte de trois doigts laissée en 1871 dans le livre de dévotion de Maria Zaganti par la défunte Palmira Rastelli, qui demandait la célébration de saintes messes ; la photographie d'une empreinte laissée par la défunte Mme Leleux sur la manche de la chemise de son fils Joseph lors de son apparition en 1789 à Wodecq-Mos en Belgique ; l'empreinte du feu imprimée par un doigt de sœur Marie de Saint-Louis-de-Gonzague, apparue à sœur Marie du Sacré-Cœur en 1894 ; ou enfin l'empreinte laissée sur le livre de Marguerite Demmerlé, de la paroisse d'Ellinghen, par sa belle-mère qui lui est apparue trente ans après sa mort, en 1815…

■ Tél. : 06 68806517

Musée historique national de l'Art sanitaire

2 Lungotevere in Sassia, 3

Conçu après la Première Guerre mondiale afin de réunir le matériel médical recueilli pour l'Exposition universelle de 1911, ce musée ne fut inauguré qu'en 1933. En Italie, il n'existe pas d'autres musées aussi riches en objets ayant trait à l'histoire sanitaire.

La visite commence par la Sala Alessandrina, au rez-de-chaussée, dans laquelle sont exposées les tables anatomiques peintes à la main au XVIIe et au XVIIIe siècle.

La Sala Flaiani contient, elle, ce qui reste de l'un des plus importants musées anatomiques d'Europe, le Museo di Santo Spirito, fondé au XVIIIe siècle par le grand chirurgien Flaiani. De nombreuses préparations anatomiques sont restées intactes au fil des siècles grâce à des techniques très élaborées de conservation : des altérations du squelette, des morceaux d'anatomie pathologique, des fœtus présentant des déformations, des crânes et des membres atteints de syphilis ou des têtes momifiées. Au centre de la salle, on peut voir une meule en forme de temple en bois qui servait à la trituration du quinquina.

Dans la Sala Capparoni est conservée une série d'ex-voto romains et étrusques incroyablement réalistes et d'autres plus modernes en cire. On y découvre également une collection d'instruments de chirurgie de la Rome antique, du Moyen Âge, de la Renaissance et du XIXe siècle, ainsi qu'un flacon d'huile de scorpion contre la morsure d'animaux vénéneux, ainsi que quelques langues de serpents, une couronne pour soigner les maux de tête, des pharmacies portatives Renaissance, une collection de récipients en verre et en céramique utilisés pour conserver des médicaments et un appareil pour l'électrothérapie du XIXe siècle.

La Sala Carbonelli abrite des objets et des instruments plus macabres : une collection de trépans, des scies pour les amputations du XVIe au XIXe siècle, des spéculums anaux et vaginaux du XVe au XIXe siècle, des microscopes et des lunettes de toutes les formes et de toutes les époques, les deux ampoules en verre dont se servit Avogadro pour démontrer la loi de la compression des gaz et une main de petite fille métallisée grâce à un processus aujourd'hui encore inconnu...

Cette salle abrite aussi deux magnifiques reconstitutions d'une ancienne pharmacie et du laboratoire d'un alchimiste au XVIIe siècle.

S'y trouve en outre une bibliothèque en noyer du XVIe siècle dont les étagères regorgent de plus de 10000 livres, estampes et revues concernant l'histoire de l'art sanitaire.

■ Tél. : 06 68352353

Le complexe monumental de Santo Spirito in Sassia

3 Borgo S. Spirito, 1-2-3

Une fois par semaine, il est possible de visiter le remarquable ensemble architectural de Santo Spirito in Sassia.

C'est à l'initiative du roi de Saxe que l'on créa la Schola Saxonum au VIIIe siècle afin d'accueillir les pèlerins saxons qui venaient visiter la tombe de saint Pierre à Rome. Pillé et incendié, l'édifice fut reconstruit à la fin du XIIe siècle sur l'ordre d'Innocent III, lequel destina l'ensemble des bâtiments à l'assistance aux malades, aux indigents et aux enfants abandonnés. L'établissement prit alors le nom de Santo Spirito in Sassia et devint l'hospice le plus avant-gardiste de l'époque. La grande galerie rectangulaire pouvait recevoir jusqu'à un millier de personnes.

La visite débute dans la Corsia Sistina, une galerie que le pape Sixte IV fit construire plus de deux siècles plus tard sur les restes de cet hospice. Avec ses 120 mètres de longueur et ses 13 mètres de hauteur, elle est divisée en deux parties par un majestueux tiburium, au centre duquel se dresse un très bel autel, unique œuvre de Palladio à Rome. Finement ciselé dans le marbre, le portail intérieur, attribué à Andrea Bregno, a été baptisé Porta del Paradiso. À côté de cette entrée se trouve la roue d'abandon (voir page 264). Sixte IV fit peindre à fresque les murs de cette galerie à la hauteur des fenêtres afin de célébrer la réalisation de l'hospice et les mérites d'Innocent III, mais aussi sa propre existence. Sixte IV ordonna par ailleurs la construction de deux bâtiments disposés autour de superbes cloîtres, réservés respectivement aux frères et aux sœurs qui travaillent à l'institut (on ne peut visiter pour le moment que celui des prêtres).

Vers 1570, monseigneur Cirillo, alors commandeur de l'ordre, agrandit l'hospice en faisant construire le Palazzo del Commendatore autour d'une somptueuse cour. Un grand escalier conduit à la galerie supérieure où des fresques d'Ercole Perillo recouvrent entièrement la partie la plus haute des murs. De la galerie, on accède à la bibliothèque Lancisiana (XVIIIe siècle), et à l'ancien appartement du commandeur, orné de sculptures, de tapisseries, de meubles d'époque et de fresques de Jacopo et Francesco Zucchi qui racontent l'histoire de l'hospice.

- Visites guidées individuelles

  Réservation pour les groupes avec un guide au 06 68352433 ou au 06 68210854

L'horloge à la romaine du palais du Commandeur

4 **Via Borgo di Santo Spirito, 3**

Une grande horloge domine une cour de l'ancien ensemble de bâtiments de Santo Spirito, depuis la corniche du Palazzo del Commendatore (c'est ainsi que l'on désignait jadis le président de l'institution charitable de Santo Spirito).

Cette curieuse horloge baroque remonte à 1828 et a la particularité de posséder un cadran « à la romaine », divisé en six parties. Le cadran est entouré par un serpent qui se mord la queue, alors qu'un lézard en bronze (symbole de mort et de renaissance) lui tient lieu d'aiguille.

Pourquoi les horloges à la romaine n'ont-elles que six heures ?

La division de la journée en heures remonte à l'Antiquité et sans doute la doit-on aux Chaldéens. Alors que les Babyloniens et les Chinois mesuraient le temps par couples d'heures, douze kaspars par jour pour les premiers et douze tokis pour les seconds, les Grecs et les Romains divisaient la journée en deux parties égales, de douze heures chacune. Le jour étant, selon les saisons, plus court ou plus long que la nuit, la durée des heures variait en conséquence. En hiver, l'heure diurne était plus brève que l'heure nocturne. La discipline rigoureuse des ordres monastiques, celle des bénédictins notamment, entraîna un renouvellement radical de la manière de mesurer le temps. On commença à calculer l'heure au moyen de cadrans solaires qui n'indiquaient pas l'heure, mais la fonction religieuse à accomplir aux divers moments du jour et de la nuit (matines, vêpres, etc.). À la fin du XIIIe siècle, les horloges mécaniques apparurent en Europe. Ce fut une véritable révolution, l'heure ayant à partir de ce moment-là une durée fixe, si bien qu'à la fin du XIVe siècle, la plupart des villes abandonnèrent l'heure solaire établie par les gnomons pour se régler sur les heures que sonnaient les cloches des églises. La journée commençait au crépuscule et était divisée en vingt-quatre heures : les cadrans étaient par conséquent gradués de I à XXIV. On se lassa toutefois assez vite de compter vingt-quatre coups de cloche, sans parler des nombreuses erreurs qui en découlaient. À partir du XVe siècle, le système fut donc modifié de sorte que les cloches ne soient plus sonnées que six fois par jour au lieu de vingt-quatre. On ne tarda pas à appliquer cette simplification à la lecture de l'heure et c'est ainsi qu'apparurent les cadrans numérotés de I à VI, comme celui du château de San Niccolò. Lors des campagnes napoléoniennes, l'heure « italique » fut remplacée par l'heure « à la française ». On numérota alors les cadrans de I à XII et le début de la journée fut fixé à minuit.

La roue d'abandon

Ancien hôpital Santo Spirito in Sassia

5 Borgo Santo Spirito

Adossée au côté **droit** du complexe de Santo Spirito in Sassia, on peut encore voir aujourd'hui une petite masure munie d'une grille à travers laquelle on aperçoit une « roue des enfants trouvés » destinée à accueillir dans l'anonymat les nouveau-nés indésirables.

Avant l'existence de ces roues, la pratique la plus répandue était l'« oblation », laquelle n'était pas considérée comme un abandon puisque les parents « donnaient » leur enfant à un couvent qui non seulement les accueillait mais les destinait à une vie monastique. En Italie, la première roue fut instituée dans cet hôpital par le pape Innocent III en 1198. Si, dans la seconde moitié du XIXe siècle, il existait près de 1 200 « roues », elles furent abolies en Italie à partir de 1867 jusqu'à leur disparition définitive en 1923.

■ Tél. : 06 68352109

Qu'est-ce qu'une roue d'abandon ?

Dès 787, Dateo, prêtre à Milan, aurait placé une coquille à l'extérieur de son église afin d'y recueillir les nouveau-nés abandonnés. Si ensuite les premières initiatives organisées pour recueillir les enfants abandonnés eurent lieu à l'hospice des Chanoines à Marseille à partir de 1188, c'est le pape Innocent III (1160-1216, pape de 1198 à sa mort) qui institutionnalisa cette pratique. Témoin du terrible spectacle de cadavres d'enfants abandonnés qui flottaient sur le Tibre à Rome, il décida de mettre en œuvre une procédure pour les sauver.

Installées aux portes des couvents et conçues pour préserver l'anonymat des parents contraints à cette extrémité, les « roues des innocents » étaient composées d'un berceau rotatif accessible de l'extérieur. On y plaçait l'enfant et, en actionnant une sonnette, on alertait les sœurs qui, prévenues, pouvaient alors faire tourner la roue afin que le bébé se retrouve à l'intérieur du couvent. Notons que l'accès à la roue était protégé par une grille calibrée pour ne permettre le passage qu'à des

nouveau-nés de petite taille... Le pape Grégoire VII et Gengis Khan furent parmi les bébés abandonnés les plus célèbres.
Après avoir disparu au XIXe siècle, ce système a dû être remis en service un peu partout en Europe depuis les années 1990 à cause de la forte recrudescence de l'abandon d'enfants. On peut voir des tours d'abandon historiques au Vatican, à Pise et à Florence, à Bayonne et à Barcelone.

Le siège de l'ordre du Saint-Sépulcre

6 Palazzo della Rovere – Via della Conciliazione, 33

Depuis 1950, l'hôtel Columbus occupe une aile du Palazzo della Rovere, magnifique résidence du XVe siècle appartenant à l'ordre équestre du Saint-Sépulcre, où sont dissimulés des trésors méconnus. Les cinq somptueuses salles du *piano nobile* (étage noble) sont occupées par les bureaux de représentation de l'Ordre, mais on peut les visiter en compagnie d'un guide, sur réservation.

De 1480 à 1490, le cardinal Domenico della Rovere, neveu du pape Sixte IV, ordonna à Baccio Pontelli d'ériger ce prodigieux édifice sur l'étroite rue qui menait de la basilique Saint-Pierre au château Saint-Ange. Les décorations furent réalisées par les plus grands artistes de l'époque. On raconte que ce palais était si beau que Charles VIII préféra y séjourner plutôt qu'au Vatican. Plusieurs cardinaux y élirent tour à tour domicile jusqu'en 1655, année où le palais fut racheté par l'ordre des pénitenciers (religieux chargés de confesser les pèlerins qui se rendaient à la basilique), qui y demeurèrent pendant trois cents ans.

De part et d'autre de l'ancien portail, on remarquera deux petites fontaines du XVIIe siècle, l'une décorée d'un aigle et l'autre arborant le dragon de la famille Borghese. On sait que la façade était autrefois recouverte de graffitis du XVIe siècle que le temps a effacés. Le *piano nobile* s'ouvre sur une enfilade de salles décorées par il Pinturicchio et d'autres peintres de son école : la salle du Grand Maître, la salle des Saisons ou du Zodiaque, celle des Prophètes et des Apôtres, et enfin la salle des Demi-Dieux, en parfait état, avec un superbe plafond en bois orné de personnages peints à la détrempe sur des feuilles de papier collées aux caissons. Des faisans picorent des épis de blé sous le chêne rouvre, blason des della Rovere, qui resplendit au centre et aux quatre coins du plafond.

Le cardinal Alidosi fit ajouter la chapelle en 1505. Elle est pourvue d'une voûte à caissons ornés de l'aigle et du chêne, dont les motifs se répètent, avec la devise suivante : « Profitez, ô mortels, des vacances, agrémentées par la nourriture et par l'ombre du chêne. » Au second plan, du côté de l'hôtel, se trouvent deux pièces dont les plafonds ont été peints à fresque par Francesco Salviati sur l'ordre du cardinal Giovanni Salviati.

■ Pour une visite guidée du siège de représentation de l'Ordre : 06 0877347

OÙ DÎNER DANS LES ENVIRONS

7 Restaurant La Veranda

Pour profiter du Palazzo della Rovere sans dormir à l'hôtel Columbus et sans le visiter, il est possible de dîner ou de boire un verre au restaurant La Veranda, qui fait partie de l'hôtel. Dans le jardin ou sous les voûtes peintes à fresque du restaurant, l'atmosphère est particulièrement romantique la nuit.

■ Borgo Santo Spirito, 73 • Tél. : 06 6872973

La méridienne de la place Saint-Pierre

8 Piazza San Pietro

VERGINE 23 AGOSTO · TORO 21 APRILE

Depuis 1817, le célèbre obélisque de la place Saint-Pierre – un monolithe de granit rouge de plus de 25 mètres de haut, voire de 40 mètres si l'on tient compte du socle et de la croix – tient lieu de gnomon à l'une des méridiennes les plus grandes du monde. Sur le pavé de la place, une bande de granit relie en effet en ligne droite un point situé à droite de la base de l'obélisque à un autre point situé au-delà de la fontaine de Maderno.

Aux extrémités de cette bande, deux disques de marbre indiquent les points où, à midi, se projette l'ombre de la croix pendant les deux jours du solstice d'été (dans le signe du Cancer) et de celui d'hiver (dans le signe du Capricorne). Cinq autres disques indiquent d'autre part le passage du soleil dans les autres signes zodiacaux regroupés deux par deux : Lion-Gémeaux, Vierge-Taureau, Balance-Bélier, Scorpion-Poissons et Sagittaire-Verseau.

L'obélisque fut sans doute érigé à Héliopolis durant le règne de la XIIe dynastie (du XXe au XVIIIe siècle av. J.-C.). Caligula le fit rapporter à Rome en 37 apr. J.-C. pour décorer son cirque privé, sur la colline du Vatican, avant que celui-ci ne devienne le cirque de Néron.

Plusieurs papes ont tenté de l'embellir et de le transformer. Sixte V, par exemple, décida d'orner le socle de quatre lions en référence au blason de sa famille, les Peretti, et il offrit à la municipalité de Rome la boule de bronze qui en décorait le sommet et dont on prétendait qu'elle contenait les cendres de César. Alexandre VII le couronna des monts et des étoiles des Chigi, et Innocent XIII y ajouta les aigles de bronze et les emblèmes héraldiques de la famille Conti.

L'obélisque de la place Saint-Pierre est le seul obélisque de Rome qui ne se soit jamais écroulé. Il est même resté à son emplacement d'origine, à côté de la basilique, jusqu'en 1586, date à laquelle Sixte V demanda à Domenico Fontana de le déplacer à l'endroit où il se dresse aujourd'hui.

La lance de Longin à Saint-Pierre de Rome

9 Basilique Saint-Pierre de Rome

À l'instar de la statue de Véronique (voir page 287), devant le baldaquin du Bernin, à gauche en venant de l'entrée de l'église, une statue, également du Bernin, représente saint Longin sa lance à la main. Si le trésor de l'église possède un fragment de cette lance, le lieu où est préservée sa partie principale semble être un secret soigneusement gardé.

La lance qui perça les flancs du Christ sur la croix : une relique très disputée

Selon l'Évangile de saint Jean, un soldat, pour s'assurer de la mort de Jésus sur la croix, lui perça les flancs à l'aide d'une lance. Il en sortit du sang, symbole de son sacrifice, et de l'eau, symbole de sa fécondité. Certains ont vu dans cette scène la naissance de l'Église des flancs du Christ, à l'instar d'Ève, née à partir d'une côte d'Adam.

L'Évangile apocryphe de Nicodème (IVe ou Ve siècle après J.-C. selon les sources) ajoute un détail : le nom du soldat aurait été Longin, comme une miniature de la bibliothèque Laurenziana de Florence le montre, même si certains pensent plutôt que le nom en grec (ΛΟΓΙΝΟC) était seulement un dérivé du mot « lance ». Selon la tradition, Longin, à moitié aveugle, aurait également reçu une goutte de sang et d'eau du Christ et aurait immédiatement été guéri.

La récupération de cette lance, dont les autres Évangiles ne parlent pas, a été l'objet de luttes intenses pour en faire une relique importante.

Portée apparemment à Constantinople en 615 pour échapper au sac de Jérusalem par les Perses, elle y serait restée jusqu'en 1244, date à laquelle elle fut acquise par Saint Louis auprès du roi Baudouin II, en même temps que la couronne d'épines, toujours conservée à Paris, à la cathédrale Notre-Dame. La lance fut ensuite transférée à la Bibliothèque nationale de Paris à la Révolution française puis disparut.

Notons qu'en parallèle plusieurs copies étaient apparues : l'une aurait été vue à Jérusalem, une autre à Constantinople et d'autres à Cracovie, Vienne, Budapest et Etchmiadzine. La lance qui se trouvait en Arménie aurait été récupérée lors de la première croisade : en 1098, un certain Pierre Barthélemy eut une vision selon laquelle saint André lui indiquait que la lance était conservée dans l'église Saint-Pierre à Antioche. Après l'avoir retrouvée sur place, comme indiqué, les croisés prirent Antioche et portèrent la lance en Arménie.

Le voile de Véronique à Saint-Pierre de Rome

10 Basilique Saint-Pierre de Rome

U**ne partie infime des visiteurs** de la basilique Saint-Pierre de Rome regarde avec attention les statues qui entourent le baldaquin du Bernin. Derrière celui-ci, à gauche (en venant de l'entrée de l'église), la statue exposée est celle de Véronique dont l'histoire, extraordinaire, est totalement méconnue. Au-dessus de la statue, on conserverait l'original du voile de Véronique.

L'extraordinaire épopée du voile de Véronique

On retrouve dans de très nombreuses églises – de façon souvent discrète pour qui ne connaît pas la légende – la représentation d'un voile sur lequel est imprimé le visage du Christ. L'origine de cette image se trouve dans les Évangiles de Marc (5, 25-34), Matthieu (9, 20-22) et Luc (8, 43-48) qui relatent l'épisode d'une hémorroïsse (femme qui perdait son sang) guérie par Jésus. Vers l'an 400, l'évêque de Lydie la nomme Berenike, peu avant que l'Évangile apocryphe de Nicodème (vers 450) ne lui donne finalement le nom de Véronique. Véronique semblant dériver de *vero* et *icona* qui signifie « l'image vraie », on inventa progressivement le personnage de Véronique qui se distingua peu à peu de celui de l'hémorroïsse. Au VIIe siècle, un autre texte apocryphe, *La Mort de Pilate*, parle de Véronique comme d'une confidente de Jésus à qui celui-ci aurait donné le voile sur lequel se serait imprimé son visage.

Vers 1160, le chanoine de Saint-Pierre de Rome, Pietro Mallius, émit l'hypothèse que cette légende serait née quand, sur le chemin vers le Golgotha, une femme aurait retiré son voile et l'aurait placé sur le visage du Christ pour l'essuyer : le visage s'y serait alors miraculeusement imprimé. Cette hypothèse s'imposa ensuite peu à peu comme la véritable histoire de cette rare image achéropoiète (voir page 295).

Toujours selon la légende, le voile de Véronique aurait été signalé à Saint-Pierre de Rome en 1287, même si Célestin III (pape de 1191 à 1198) parle déjà d'un suaire qui pourrait être celui de Véronique. Le voile aurait été vendu lors du sac de Rome en 1527, mais, comme bien souvent pour les reliques, il réapparut rapidement et on le signala à nouveau dans la salle des reliques au XVIIe siècle, même si certains prétendirent que le visage qui était imprimé sur le voile était celui d'un paysan du nom de Manoppello. D'autres églises à Milan ou Jaén en Espagne prétendent éqalement détenir le vrai voile de Véronique.

L'extraordinaire épopée du culte des reliques chrétiennes

Si elles sont tombées un peu en désuétude de nos jours, et si leur culte a très fortement diminué, les reliques de saints ont été l'objet d'une épopée extraordinaire à partir du Moyen Âge. Leur présence toujours actuelle dans de très nombreuses églises en Europe rappelle ces événements peu communs.

Le culte des reliques chrétiennes trouve son origine dès le début du christianisme avec la mort des premiers martyrs et des premiers saints. Les reliques avaient une triple fonction : elles étaient un témoignage concret de l'exemple d'une vie droite et vertueuse à imiter ou suivre, elles possédaient un pouvoir spirituel et énergétique à même de provoquer des miracles (on croyait que le pouvoir des saints qui faisaient des miracles se maintenait à travers leurs reliques), et avec le temps et la création du phénomène contesté des indulgences, elles procuraient des indulgences (voir page 304) à celui qui les possédait.

La demande créant l'offre, assez rapidement des intermédiaires peu scrupuleux se mirent à inventer des reliques, aidés en cela par l'Église qui, pour des raisons politiques, canonisa nombre de personnalités qui ne le méritaient pas (voir pages suivantes). Cela créa des situations absurdes : si l'on considère que toutes les reliques sont vraies, Marie-Madeleine aurait six corps et San Biagio (saint Blaise) une centaine de bras.

Ces excès provoquèrent évidemment une défiance vis-à-vis des reliques et peu à peu leur culte chuta dans l'oubli, même s'il est toujours pratiqué de nos jours : nombreux sont ceux qui croient encore aujourd'hui qu'une relique véritable d'un saint possède des pouvoirs énergétiques et spirituels. Que dire en effet du pèlerinage sur les traces de Padre Pio en Italie ?

Il existe environ 50 000 reliques disséminées un peu partout en Europe, qui sont issues d'environ 5 000 saints.

Notons que la plupart des autres religions de la planète vénèrent ou ont vénéré des reliques.

21 441 reliques pour 39 924 120 ans d'indulgence !

Le plus grand collectionneur de reliques fut Frédéric III de Saxe (1463-1525) qui au total se procura 21 441 reliques, dont 42 corps de saints entièrement préservés. Avec cette collection unique au monde, il calcula qu'il avait totalisé 39 924 120 ans et 220 jours d'indulgence ! Pourtant, sous l'influence de Luther, il abandonna le culte des reliques en 1523.

Quand les saints ne sont pas si saints ou quand l'Église retire du calendrier saint Georges, saint Christophe et sainte Philomène...

À partir du Moyen Âge, la chasse aux reliques s'accéléra et les inventions de reliques avec elle. Plus fort que l'invention de reliques, on inventa carrément les saints eux-mêmes.

Récemment – le fait est passé presque inaperçu – l'Église a ainsi retiré du calendrier saint Georges, saint Christophe et sainte Philomène, dont l'existence même était très douteuse.

Afin d'augmenter le nombre de reliques potentielles, on procéda aussi à la canonisation totalement abusive de certains personnages, afin que le marché continue à être alimenté en reliques de saints.

Pour des raisons diplomatiques, liées à l'époque de la Réforme (XVIe siècle), la canonisation se fit aussi beaucoup sur des critères politiques plutôt que sur des critères religieux ou moraux : dans un formidable élan de Realpolitik, la plupart des souverains d'alors furent ainsi sanctifiés afin de s'assurer de leur fidélité à l'Eglise catholique, qui subissait les assauts des protestants. Saint Stanislas de Pologne, saint Casimir de Lituanie, sainte Brigitte de Suède, saint Stéphane de Hongrie, sainte Marguerite d'Écosse, sainte Élisabeth du Portugal, saint Venceslas de Bohême... la liste est longue.

Les reliques des plumes de l'archange saint Michel, du souffle de Jésus ou du rayon de l'étoile qui guida les Rois mages !

Ne renonçant à rien pour s'enrichir au détriment des croyants les plus naïfs, les marchands de reliques ont fait preuve d'une imagination sans faille lors de leur quête aux reliques et ont réussi à en inventer de fascinantes : citons notamment les cornes de Moïse ou les plumes de l'archange saint Michel, dont on a les traces de la vente au Mont-Saint-Michel en 1784.

Les reliques les plus prisées étaient bien sûr celles du Christ. Malheureusement pour les chasseurs de reliques, le Christ étant monté au ciel lors de l'Ascension, son corps n'était plus par définition sur terre. On fit alors preuve d'imagination en inventant la relique, absolument extraordinaire, du souffle de Jésus qui serait préservée dans la cathédrale de Wittenberg en Allemagne, dans une ampoule en verre. Celle du prépuce du Christ, récupéré lors de sa circoncision, sept jours après sa naissance, et celle de son ombilic seraient conservées au Latran, à Rome (Sancta Sanctorum). Le pain de la Cène, lui, serait préservé à Gaming en Autriche. Certains textes médiévaux, aujourd'hui perdus, parlaient même de la relique des rayons de l'étoile qui guida les Rois mages, lesquels auraient été conservés au Latran !

Les œuvres d'art achéropoiètes

La religion chrétienne dénomme par le terme d'« achéropoiète » des œuvres d'art « non faites de main d'homme ». Si celles-ci sont relativement rares, il en existe néanmoins quelques-unes dont plusieurs au célèbre mais mystérieux mont Athos en Grèce. Cette monarchie théocratique, isolée sur une péninsule au nord-est de la Grèce et inaccessible depuis le XIe siècle aux femmes, enfants et animaux femelles, abrite deux icônes achéropoiètes. L'une est au monastère de la Grande Lavra, l'autre au monastère d'Iviron.

En France, l'église Notre-Dame-des-Miracles à Saint-Maur près de Paris en possède également une.

De même, le visage saint d'Édesse, dans l'église des Bartholomites à Gênes, aurait été peint par le Christ lui-même (voir photo ci-contre).

La peinture du Christ dans le Sancta Sanctorum du Latran, à Rome, aurait été dessinée par saint Luc en personne puis achevée par des anges. Le voile de Véronique, à saint-Pierre de Rome, selon la tradition, est considéré par certains comme achéropoiète.

Le célèbre *Volto Santo* de Lucques, en Toscane, aurait été sculpté par Nicodème, qui assista à la crucifixion du Christ avec Joseph d'Arimathie, mais achevé par les anges.

À Venise, on trouve deux sculptures achéropoiètes : à l'église Santi Geremia e Lucia et à l'église San Marziale, toutes deux dans le quartier de Cannaregio.
Dans les Abruzzes, en Italie, il existerait aussi un *Volto Santo* au village de Manoppello.

Depuis quand le jubilé a-t-il lieu tous les vingt-cinq ans ?

La tradition du jubilé vient de la loi juive selon laquelle une année sainte est décrétée tous les cinquante ans, au terme de sept cycles de sept ans chacun (Lévitique). Les esclaves retrouvent alors leur liberté, et les terres leurs anciens propriétaires.
Le mot « jubilé » vient du mot hébreu *Yôbel* qui désigne littéralement le bouc, puis par extension ses cornes, et la corne que l'on sonnait lors des grandes occasions.
Le premier jubilé de l'histoire eut lieu en 1300, sous le pontificat de Boniface VIII : croyant qu'un pèlerinage à Rome sur les tombeaux de saint Paul et saint Pierre donnerait des indulgences particulières (voir

pages suivantes) en cette année du treizième centenaire de la naissance du Christ, de nombreux pèlerins affluèrent vers Rome. Le pape clarifia donc les conditions d'obtention des indulgences plénières (15 visites – 30 pour les Romains – aux tombeaux de saint Pierre et saint Paul) et initia la tradition des jubilés et des pèlerinages qui y étaient associés. L'afflux de pèlerins remplissait les caisses de l'Église et dès le milieu du XVe siècle on passa à un rythme d'un jubilé tous les vingt-cinq ans, même si en parallèle les conditions d'obtention des indulgences se durcissaient : outre la confession indispensable, il fallait effectuer

la visite non plus des deux basiliques de Saint-Pierre et Saint-Paul mais aussi de celle du Latran à partir de 1350 et de Sainte-Marie-Majeure à partir de 1373.

Depuis 1750, les conditions pour obtenir l'indulgence plénière sont la visite des quatre basiliques majeures, la confession, la communion et la prière.

Dans l'histoire récente, les derniers jubilés datent de 1950, 1983 (jubilé extraordinaire pour célébrer le 1 950e anniversaire de la passion du Christ) et 2000. Le prochain aura lieu théoriquement en 2025.

Une brique en or et une en argent

Selon le rite de fermeture de la porte depuis 1500, toujours en vigueur aujourd'hui, deux cardinaux déposent dans le mur deux petites briques : l'une en or et l'autre en argent.

Les outils de l'ouverture des portes saintes

Les quatre basiliques majeures de Rome (Saint-Pierre de Rome, Sainte-Marie-Majeure, Saint-Jean-du-Latran et Saint-Paul-hors-les-Murs) sont les quatre seules églises de la Chrétienté à posséder une porte sainte. Elles ont la caractéristique de ne s'ouvrir que lors des jubilés, c'est-à-dire tous les vingt-cinq ans, hors jubilé particulier décidé par le pape. Leur ouverture symbolise l'ouverture de l'année sainte (jubilé) depuis le 24 décembre 1499, date à laquelle le pape Alexandre VI Borgia inaugura le rite à l'église Saint-Pierre de Rome, même si la première porte sainte ouverte fut en réalité celle de la basilique Saint-Jean-de-Latran par le pape Martin V en 1423.

L'ouverture des portes saintes a lieu la veille de Noël. Celle de Saint-Pierre de Rome est ouverte par le pape en personne qui tape symboliquement trois fois sur la porte avec un marteau en or et argent. Celles des trois autres églises étaient ouvertes par les cardinaux de chaque basilique jusqu'en 1983. À l'occasion du jubilé de l'an 2000, cependant, le pape a ouvert personnellement les quatre portes. Après son ouverture, la porte sainte de Saint-Pierre est refermée le 6 janvier de l'année suivante

(le 5 janvier pour les trois autres basiliques), le pape bénissant les outils et posant symboliquement les trois premières pierres.

Si depuis 1975 la porte sainte est directement visible de l'extérieur, ce n'était pas le cas auparavant : de 1500 à 1975, la porte sainte était condamnée de l'extérieur par un mur, qu'il fallait abattre physiquement. Le pape utilisait alors un marteau et, lors de la reconstruction du mur, une truelle, même si bien évidemment des *sampietrini* (les ouvriers du Vatican) prenaient le relais du pape pour achever le travail. Ce sont certains de ces outils précieux qui restent visibles notamment dans les trésors des deux basiliques de Saint-Pierre et de Sainte-Marie-Majeure. En 1974, les gravats de la destruction du mur retombèrent à quelques centimètres du pape Paul VI, menaçant de le blesser, ce qui explique le changement de 1975. Depuis, le mur qui dissimulait la porte de l'extérieur est reconstruit à l'intérieur de la basilique et le pape ne fait que refermer les battants de la porte.

Les indulgences : « Dès que la monnaie tinte dans le tronc, l'âme s'envole du purgatoire »

Dans la doctrine catholique, le péché est effacé par le sacrement de la confession. Mais ce sacrement n'enlève pas la peine de purgatoire, d'où l'on espère sortir le plus rapidement possible. Le temps de présence au purgatoire peut être atténué voire effacé par l'indulgence. Celle-ci est dite partielle ou plénière, selon qu'elle libère partiellement ou totalement de la durée de purgatoire due pour le péché. Elle est obtenue en contrepartie d'un acte de piété (pèlerinage, prière, mortification), effectué à cette fin dans un esprit de repentance. Les indulgences partielles se comptaient traditionnellement en jours, mois ou années. Contrairement à ce que l'on pourrait croire, elles ne correspondent pas à une remise directe équivalente de purgatoire, mais indiquent la remise de peine de purgatoire si l'on pratiquait une pénitence correspondante. Cette pratique, héritée du droit romain, remonte au IIIe siècle, époque à laquelle il était important de réintégrer dans le giron de l'Église les chrétiens ayant renié leur religion pendant les persécutions. La « simonie » est la déviance de l'indulgence : les fidèles

marchandent auprès du prêtre un acte de charité, qui devient souvent un don en espèces sonnantes et trébuchantes... Un exemple célèbre date de 1515 : cette année-là, le dominicain Johann Tetzel est chargé de vendre des indulgences au nom de l'archevêque de Mayence, Albrecht de Brandebourg, qui prélevait 50 % des sommes pour payer ses frais d'installation. Comble de cynisme, la devise du moine percepteur qui faisait battre tambour pour attirer la foule était : « Dès que la monnaie tinte dans le tronc, l'âme s'envole du purgatoire. » C'est dans ce climat de scandale que Luther intervint le 31 octobre 1517, veille de Toussaint, en affichant 95 thèses dénonçant la pratique des indulgences. La querelle des indulgences sera l'une des causes du schisme entre protestants et catholiques. En 1967, Paul VI a supprimé la référence à un nombre de jours ou d'années déterminé, mais l'indulgence elle-même, si elle est moins courante qu'auparavant, est une pratique qui a toujours cours : lors du jubilé de l'an 2000, des indulgences ont été accordées par le pape Jean-Paul II. Les protestants s'y sont opposés, en vain. Cinq cents ans après, l'histoire se poursuit.

> La simonie est, pour les chrétiens, l'achat et la vente de biens spirituels. Elle doit son nom à Simon le Magicien, un personnage qui voulut acheter à saint Pierre son pouvoir de faire des miracles (Actes des Apôtres, 8, 9-21), ce qui lui valut la condamnation de l'apôtre : « Que ton argent périsse avec toi, puisque tu as cru que le don de Dieu s'acquérait à prix d'argent ! »

Les âmes du purgatoire

Si l'on peut abréger sa propre durée de séjour au purgatoire, il est également possible d'abréger la durée du séjour au purgatoire des âmes qui y sont déjà : c'est ce que l'on appelle la communion des saints. Quand un chrétien vivant prie pour une âme déjà présente au purgatoire, celle-ci voit son séjour s'abréger. En parallèle, l'âme du purgatoire intervient également en sa faveur.

11 L'illusion d'optique de la Via Piccolomini

En revenant d'une promenade dans la villa Pamphili, nous vous conseillons fortement d'emprunter la Via Piccolomini. De là, la vue de la coupole de Saint-Pierre est splendide, et curieusement bien meilleure que celle que l'on a face à l'entrée de la basilique. La transformation du plan de Saint-Pierre de Rome (le plan en croix latine conçu par Maderno remplaça le plan en croix grecque initialement voulu par Michel-Ange) a en effet entraîné un avancement de la façade. Celui-ci fut si important que cette dernière cache désormais une grande partie de la coupole quand on la regarde à partir de la Via della Conciliazione.
La Via Piccolomini offre en revanche une vue complète du joyau de Michel-Ange et un curieux effet d'optique. En arrivant de la villa Pamphili, la coupole visible au bout de la rue semble immense et occupe l'ensemble du champ de vision. En empruntant en voiture ou en taxi la rue et en se dirigeant vers la coupole, on se rendra alors compte que la coupole, à l'inverse de ce qui devrait logiquement se produire, rétrécit de façon surprenante jusqu'à devenir minuscule.

■ Via Piccolomini • Accès : bus n° 982

12 La nécropole romaine de la Via Triumphalis

En 2003, lors des travaux de construction d'un parking à l'intérieur du Vatican, les archéologues ont fait une découverte exceptionnelle : ils ont mis au jour un nouveau secteur de la grande nécropole qui s'étendait le long de l'ancienne route reliant Rome à Veio, la Via Triumphalis. La première partie de cette route avait déjà été découverte dans les années 1950 alors qu'on construisait un autre parking au Vatican (d'ailleurs surnommé Nécropole du parc automobile).

Si quelques-uns des milliers de touristes qui envahissent chaque jour les musées du Vatican semblent avoir eu connaissance de la magnifique nécropole de la Via Cornelia dissimulée dans les sous-sols de la basilique (où l'on visite la tombe de saint Pierre), rares sont ceux en revanche qui connaissent cette découverte récente, d'autant qu'on ne peut la visiter que depuis 2006.

Les fouilles ont mis au jour une quarantaine d'édifices funèbres, certains ornés de fresques et de stucs ou recouverts de mosaïques, ainsi que plus de 200 tombes individuelles sur plusieurs niveaux, sans compter les dalles funéraires, les stèles et de nombreuses inscriptions où sont parfois indiqués le lieu de naissance et le métier du défunt.

Les tombes, qui remontent à une période allant du règne d'Auguste à celui de Constantin, sont en excellent état. Lors de leur découverte, certaines, encore intactes, contenaient même des sarcophages décorés de bas-reliefs, des urnes, des lampes à huile et des récipients pour les offrandes aux défunts.

■ Réservation écrite obligatoire au Bureau des visites spéciales des musées du Vatican
E-mail : visitedidattiche.musei@scv.va

GIANICOLO

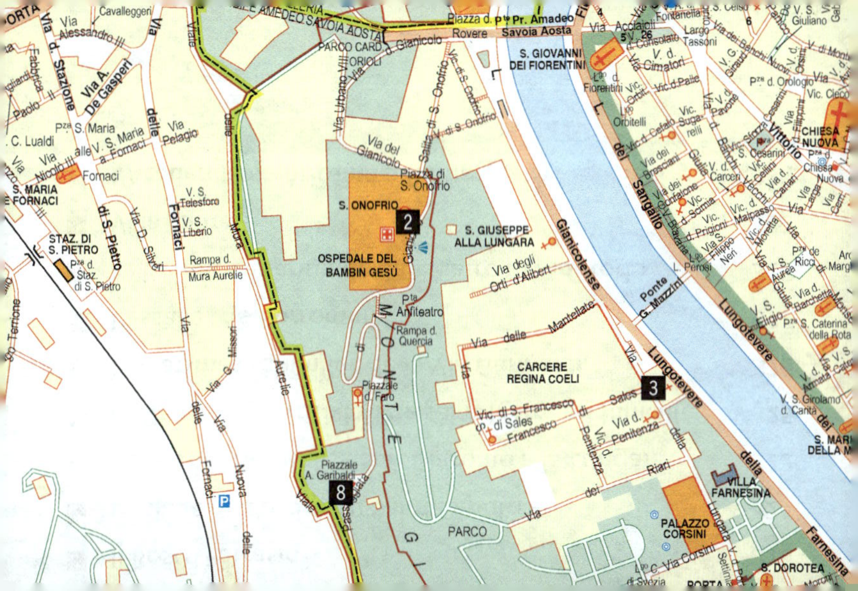
S. GIOVANNI DEI FIORENTINI
CHIESA NUOVA
S. MARIA DELLE FORNACI
STAZ. DI S. PIETRO
S. ONOFRIO
OSPEDALE DEL BAMBIN GESÙ
S. GIUSEPPE ALLA LUNGARA
CARCERE REGINA COELI
VILLA FARNESINA
PALAZZO CORSINI
S. DOROTEA
PARCO
M O N T E G
Piazza di S. Onofrio
Pta Anfiteatro
Rampa d. Quercia
Piazzale d. Faro
Piazzale A. Garibaldi
Lungotevere Gianicolense
Lungotevere della Farnesina
Lungotevere dei Sangallo
Ponte G. Mazzini
Corso Vittorio
Via della Lungara
Via delle Mantellate
Via d. Penitenza
Via dei Riari
Via degli Orti d'Alibert
Via del Gianicolo
Via Urbano VIII
Viale delle Mura Aurelie
Via delle Fornaci
Via Nuova delle Fornaci
Via d. Stazione di S. Pietro
Via A. De Gasperi
Via Alessandro III
Via Cavalleggeri
Piazza d. Pte Pr. Amadeo Savoia Aosta
Via Giulia
2
3
8

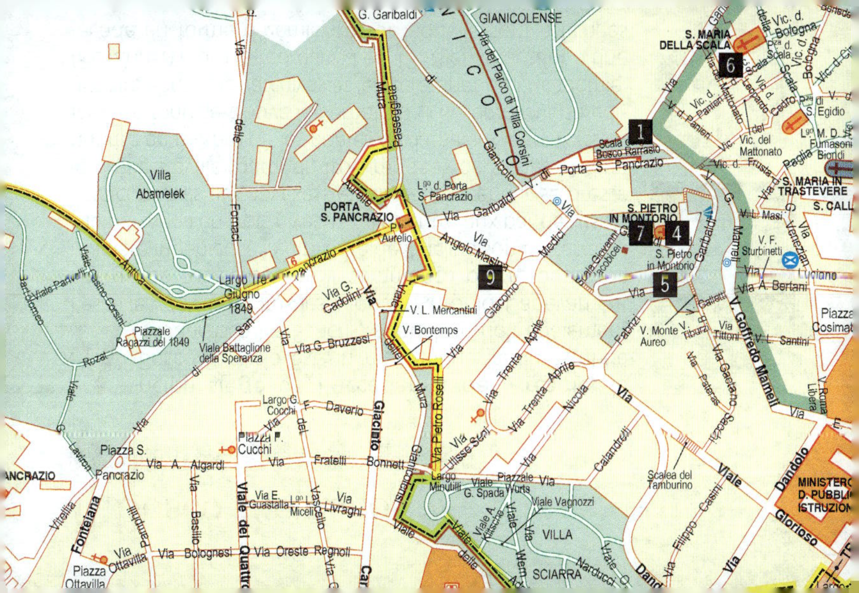
GIANICOLENSE
Via del Parco di Villa Corsini
VICOLO
S. MARIA DELLA SCALA
S. MARIA IN TRASTEVERE
S. CALL
S. PIETRO IN MONTORIO
PORTA S. PANCRAZIO
Villa Abamelek
Via delle Fornaci
Via Garibaldi
Via Angelo Masina
Via Giacomo Medici
V. Goffredo Mameli
Via Trenta Aprile
Via Pietro Roselli
Via Giacinto Carini
Viale dei Quattro Venti
Largo Tre Giugno 1849
Piazzale Ragazzi del 1849
Viale Battaglione della Speranza
Piazza S. Pancrazio
Piazza F. Cucchi
Piazza Ottavilla
Via Fonteiana
Via A. Algardi
Via Bolognesi
Via Oreste Regnoli
Via Fratelli Bonnet
Scalea del Tamburino
Via Dandolo
Viale Glorioso
MINISTERO D. PUBBLICA ISTRUZIONE
VILLA SCIARRA
Piazza Cosimato
V. Roma Libera
Scala di Bosco Parrasio
Porta S. Pancrazio
1
4
5
6
7
9

Il Bosco Parrasio

1 Via di Porta San Pancrazio, 32

Ancien siège de l'Accademia dell'Arcadia, le Bosco Parrasio est un magnifique jardin attribué à Francesco De Sanctis, auquel on doit également l'escalier de la Trinité-des-Monts. Antonio Canevari fut chargé de sa réalisation. Il commença par résoudre de manière ingénieuse la difficulté de l'inclinaison du terrain : il le partagea en trois niveaux reliés entre eux par des escaliers concaves et convexes. Au niveau supérieur se dresse le théâtre ovale, garni de trois rangées de sièges et d'un pupitre en marbre où les poètes déclamaient leurs vers. En toile de fond se trouve le Serbatoio (« Réservoir »), un édifice qui abritait les archives et le secrétariat de l'Académie. Giovanni Azzurri le réorganisa en 1838 en le dotant d'une façade en forme d'hémicycle sur laquelle sont affichées

les tables de la loi et l'inscription *Deo nato sacrum*, qui rappelle que le jardin est dédié à l'Enfant Jésus. Au niveau intermédiaire s'ouvre une fausse grotte, et sur le niveau inférieur se détache un grand édicule en marbre sur lequel est gravé le chiffre 1726, date de la donation du roi du Portugal qui permit la création du jardin. Ce jardin connut une époque glorieuse grâce à la présence parmi les académiciens d'hommes illustres tels que le poète Pietro Metastasio ou le philosophe Giambattista Vico. À la fin du XVIIIe siècle, avec le déclin de l'Académie, il fut abandonné, avant d'être restauré et remanié en 1839. Aujourd'hui encore, le jardin est propriété de l'Académie.

Le nom de Parrasio vient d'une zone de l'Arcadie méridionale, la Parrasie.

■ Accès : bus n°s 115 et 870
E-mail : giovannarak@gmail.com • Tél. : 06 4872607
Visites possibles en s'adressant à l'Accademia dell'Arcadia, au 8 Piazza Sant'Agostini

L'Académie de l'Arcadie

En 1690, des intellectuels italiens qui avaient appartenu à l'entourage de la reine Christine de Suède, se lamentant de l'état de déchéance de la littérature, fondèrent l'Accademia dell'Arcadia en hommage à *L'Arcadia*, un roman pastoral (1501) de Jacopo Sannazaro et à la région grecque de l'Arcadie avec l'intention de revenir vers la pureté des textes classiques et de s'opposer au mauvais goût baroque. Le président de l'Académie prit le nom de grand gardien, en référence aux bergers, les associés celui de petits bergers et petites bergères et l'Enfant Jésus, né parmi les bergers, fut déclaré le protecteur de l'Arcadie.

Pendant des années, les Arcadiens se réunirent dans différents jardins jusqu'à ce qu'ils s'installent définitivement en 1726 au Janicule, le long des jardins du palais Corsini, ancienne résidence de Christine de Suède, grâce au roi Jean V du Portugal qui offrit 4000 écus à l'institution.

L'Arcadie : un goût de paradis ésotérique ?

L'Arcadie est une région grecque située au centre et centre-est du Péloponnèse.

Elle a été considérée pendant l'Antiquité comme un lieu primitif et idyllique peuplé de bergers qui vivaient en harmonie avec la nature. En ce sens, elle symbolisait un âge d'or dont de nombreuses œuvres littéraires et artistiques se sont fait l'écho : Virgile dans *Les Bucoliques* ou Ovide dans *Les Fastes*.

Redécouverte à la Renaissance et au XVIIe siècle, l'Arcadie retrouva alors son rôle de symbole d'idéal même si, pour de nombreux érudits, elle représente beaucoup plus que cela.

L'antique région fut rendue célèbre au XVIIe siècle par le peintre Poussin et son tableau *Les Bergers d'Arcadie*, aujourd'hui conservé au Louvre, dans lequel beaucoup voient un message ésotérique caché. Pour plus d'informations à ce sujet, voir page 60 et suivantes le tombeau de Poussin.

Géographiquement, l'Arcadie est traversée par le fleuve Alphée qui s'enfoncerait sous terre puis referait surface en Sicile où il se mêlerait aux eaux de la fontaine Aréthuse.

Alphée est un fleuve-dieu sacré, mythologiquement fils du Titan Océan et de sa sœur Téthys, dont les flots souterrains symbolisent la tradition souterraine du savoir ésotérique.

Ce savoir, transmis à certains artistes, se retrouverait ainsi dans les œuvres de Léonard de Vinci, Botticelli et donc Poussin, entre autres.

Le nom d'Arcadie vient d'Arcas, qui vient lui-même du grec ancien *arktos*, qui signifie « ours ». Roi d'Arcadie, Arcas était, dans la mythologie grecque, le fils de Zeus et de la nymphe Callisto. Selon la légende, Callisto offensa Artémis, déesse de la chasse, qui la changea en ourse lors d'une partie de chasse. Élevée au ciel par Zeus, Callisto devint l'actuelle constellation de la Grande Ourse, pendant que son fils Arcas, à sa mort, fut changé en constellation de la Petite Ourse.

2 Le siège de l'ordre du Saint-Sépulcre

La porte d'entrée du monastère de Sant'Onofrio est marquée d'une croix rouge peu commune. Le monastère abrite en effet en ses murs le siège de l'ordre du Saint-Sépulcre de Jérusalem. Loin d'être un ordre ésotérique, celui-ci est l'un des derniers ordres de chevalerie catholiques ayant subsisté de nos jours.

■ Monastère de Sant'Onofrio – Piazza Sant'Onofrio, 2

3 Le clocher de l'église San Giacomo alla Lungara

En flânant le long de la Via della Lungara en direction de la Porta Settimiana, à l'angle de la rue du Buon Pastore, se dresse la petite église San Giacomo ainsi que son couvent adjacent. Datant du IXe siècle, elle possède un très joli petit campanile orné de médaillons en marbre enchâssés entre deux rangées de briques disposées en dents de scie. Coincée entre deux édifices plus récents, l'église n'est visible que depuis le Lungotevere et a la particularité d'avoir conservé le seul clocher à jour roman ayant survécu à Rome. Bâti au XIIIe siècle, lorsque l'église fut confiée par le pape Innocent IV aux moines sylvestrins, il présente dans sa structure des parties de mur en briques peut-être récupérées sur une tour plus ancienne érigée à cet endroit.

■ Lungotevere della Farnesina, 12

La croix de l'ordre de chevalerie du Saint-Sépulcre de Jérusalem

L'insigne de l'ordre est la croix potencée rouge, entourée de quatre « croisettes » (petites croix). Ces cinq croix rappellent aujourd'hui les cinq plaies du Christ sur la croix, même si à l'origine elles signifiaient que la croix du Christ se répandait sur le monde entier. Elle symbolise aussi sa résurrection.

La couleur rouge, symbole de vie, de force et du sang, a été choisie en l'honneur des plaies infligées au Christ. En orient, la croix est de couleur or, symbolisant l'immense valeur de la passion du Christ.

L’ordre du Saint-Sépulcre de Jérusalem

L’ordre du Saint-Sépulcre de Jérusalem est un ordre de chevalerie militaire et religieux. Sa fondation est attribuée à Godefroy de Bouillon, vainqueur de la première croisade en 1099 à Jérusalem, voire, selon d’autres sources, à Charlemagne (en 808).

Ayant son siège religieux à Rome, au couvent de Saint-Onuphre, au Janicule, il comprend 35 implantations dans le monde. Les chevaliers et les dames du Saint-Sépulcre, au nombre d’environ 18 000, ont principalement pour but, sous l’autorité du pape, d’encourager et de propager la foi en Terre sainte.

Il doit son nom au Saint-Sépulcre de Jérusalem, le sanctuaire qui a été édifié autour du lieu supposé de la crucifixion du Christ et lieu où le Christ aurait été enterré et où il serait ressuscité. Aujourd’hui, dans la région de Jérusalem, l’ordre gère 44 écoles catholiques qui regroupent environ 15 000 élèves chrétiens et musulmans.

En France, l’ordre est le gardien des reliques de la couronne d’épines du Christ.

4 Le lieu de la crucifixion de saint Pierre au Janicule ?

Selon une tradition, moins officielle évidemment que celle de la crucifixion de l'apôtre au Vatican, saint Pierre aurait en réalité été crucifié au Janicule, à l'emplacement actuel du Tempietto de Bramante. Le Janicule était en effet utilisé à l'époque pour crucifier les criminels et les esclaves. Saint Pierre, qui avait mis fin aux pratiques magiques de Simon le Magicien (voir page 440), avait été à l'origine de la mort du personnage. Considéré en conséquence par certains comme un assassin, il aurait été crucifié à l'emplacement exact du puits qui se trouve derrière le monument de Bramante. Les bas-reliefs qui y figurent également rappellent que saint Pierre aurait demandé à être crucifié la tête à l'envers, indigne qu'il était d'être crucifié d'une façon similaire au Christ.

■ Tempietto di Bramante – Piazza San Pietro in Montorio, 2

5 Les latrines romaines de la Via Garibaldi

En 1963, l'effondrement d'un mur de soutien attenant à l'église S. Pietro in Montorio mit au jour un édifice public insolite : des latrines romaines de la fin du IIe siècle après J.-C. On y accède en se frayant un chemin à travers la végétation jusqu'à une petite porte. À l'intérieur, les murs sont décorés de fresques avec des bandes et des cadres rectangulaires peints en vert et rouge. Y figurent des végétaux suspendus à des fils ainsi qu'un bouquetin. Rien ne témoigne de la présence de sièges percés en pierre, ce qui laisse supposer que le dispositif était en bois. Au-dessous, un canal a été creusé pour évacuer les eaux vers les égouts. Sous le carrelage, on aperçoit un autre canal, plus petit que le précédent, où coulaient sans doute les eaux claires qu'on utilisait pour nettoyer les latrines à l'aide d'éponges. Les carreaux noirs et blancs aux motifs géométriques n'ont été conservés que sur une portion limitée du sol.

- Via G. Garibaldi (près de la Piazza S. Pietro in Montorio)
  Visites sur demande à la direction municipale des Beaux-Arts (Sovraintendenza Comunale) au 06 0608 ou par l'intermédiaire des nombreuses associations culturelles, dont Roma Sotterranea (www.romasotterranea.it)

6 L'escalier de Borromini

Au pied du Janicule se dresse l'ancien monastère de Santa Maria dei Sette Dolori, avec son église annexe, dont la façade est restée inachevée faute de fonds. Dans les souterrains du monastère, transformé aujourd'hui en un hôtel élégant, sont dissimulés de solides murs antiques et médiévaux qui tiennent lieu de fondations à l'église. Au XVIIe siècle, de façon méconnue, Borromini a ajouté un grand escalier qui nous projette dans une autre dimension parmi les murs en maçonnerie grossière, le sol en terre battue et une rangée de poutres sur lesquelles reposaient les tonneaux. À l'avenir, il sera sans doute possible de visiter la crypte puisqu'on projette d'y aménager, sans rien changer, un espace pour la dégustation des vins.

■ Crypte du monastère de Santa Maria dei Sette Dolori
Hôtel Donna Camilla Savelli
Via Garibaldi, 27 • Tél. : 06 588861

Le boulet de canon de San Pietro in Montorio

Mur extérieur de l'église San Pietro in Montorio

7 Via Garibaldi

E**n regardant la façade** de l'église San Pietro in Montorio du côté gauche, on aperçoit une curieuse plaque à laquelle est accrochée une sphère. Si l'on s'approche pour lire l'inscription, on découvre qu'il s'agit d'un boulet de canon de l'artillerie française. Retrouvé à cet endroit même, il commémore les combats de 1849 au cours desquels la République romaine se défendit héroïquement.

1849 fut une année décisive pour le Risorgimento, le mouvement idéologique et politique à l'origine de l'unification italienne. À Rome, le régime pontifical s'effondra face aux soulèvements populaires en faveur de la démocratie, et le pape dut quitter la ville. La république fut proclamée le 9 février. Les régimes conservateurs européens offrirent leur aide pour restaurer le pouvoir temporel alors que Garibaldi et ses volontaires débarquaient à Rome afin de défendre la nouvelle République romaine. On confia à Garibaldi la défense du mont Janicule, le point le plus exposé aux offensives de l'armée française.

Garibaldi : le sauveur de la cloche du Tasse

En 1595, la plus petite cloche de l'église S. Onofrio al Gianicolo fut nommée « cloche du Tasse » : le 25 avril, ses coups mélancoliques accompagnèrent l'agonie et annoncèrent la mort – à 51 ans – du célèbre poète que l'on hébergeait dans le couvent voisin.

Cette cloche faillit être détruite lors des émeutes révolutionnaires du printemps 1849. Pour fabriquer des canons, on ordonna en effet de confisquer toutes les cloches de la ville, et l'église S. Onofrio fut l'une des premières réquisitionnées par les militaires, étant à deux pas du terrain des opérations. Le supérieur du couvent eut beau supplier l'officier chargé de la saisie d'emporter tout ce qu'il voulait à l'exception de la petite cloche, celui-ci se montra inflexible, jusqu'à ce que Garibaldi arrive sur les lieux. En désespoir de cause, le supérieur du couvent s'adressa directement au général. Ému par les supplications du prêtre ou par la triste mort précoce du grand poète, Garibaldi ordonna qu'on épargne la cloche du Tasse.

On peut donc encore la contempler aujourd'hui, de même que la tombe et la cellule du couvent où mourut le malheureux auteur de l'immortelle *Jérusalem délivrée*.

Villa Lante

8 Passeggiata del Gianicolo, 10

La villa Lante au Janicule est l'une des villas romaines du XVIe siècle parmi les mieux conservées. Précieux exemple de l'œuvre de l'école de Raphaël à Rome, elle offre une vue exceptionnelle, peut-être la plus belle de la ville.

Ornée de trois arcades, de quatre colonnes antiques en marbre violet et d'une voûte décorée de stucs, elle est méconnue du grand public, n'étant pas visible de la rue.

La construction de la villa remonte à l'époque où le dataire de Léon X, Baldassare Turini, acheta environ deux hectares de terrain sur la colline du Janicule, alors tapissée de vignobles et de jardins, afin de bâtir une résidence d'été où il pourrait recevoir fonctionnaires et hommes de lettres.

L'architecte Jules Romain, l'élève préféré de Raphaël, collabora ici avec d'autres artistes de l'école de Raphaël pour l'ornementation picturale. La décoration originale du salon, qui imite des marbres et des pierres précieuses, fut découverte et restaurée dans les années 1970 sur une partie des murs, alors que sur l'autre on a laissé la décoration en style néoclassique, œuvre du fameux architecte Valadier. Dans le salon, on voit encore la fresque intitulée *A dì 6 de maggio 1527 fo la presa di Roma* qui représente le sac de Rome.

En 1551, la propriété passa à la famille Lante qui résidait dans un palais de la

Piazza Sant'Eustachio. Le grand jardin de la villa fut réduit en 1640, lorsque Urbain VIII décida d'y faire passer les enceintes de défense du Janicule et donna en échange aux Lante la villa de Bagnaia, près de Viterbe, avec son parc spectaculaire parsemé de fontaines.

Au début du XIXe siècle, la famille Lante vendit une partie de ses propriétés et la villa passa au prince Camille Borghèse, époux de Pauline, sœur de Napoléon qui, quelques années plus tard, la vendit à son tour à la congrégation des religieuses du Sacré-Cœur de Jésus. Les fresques du salon, qui n'étaient pas incluses dans la vente, furent détachées du plafond et se trouvent aujourd'hui au palais Zuccari. À la fin du XIXe siècle, les religieuses louèrent la villa à l'archéologue allemand Wolfgang Helbig et à son épouse, la princesse russe Nadine Schahawskoy, qui la transformèrent en un salon culturel très fréquenté.

■ Tél. : 06 68801674 • E-mail : info@irfrome.org
Accès : bus nos 115 et 870

L'Académie américaine à Rome

9 Via Angelo Masina, 5

Plus secrète encore que les autres académies de Rome, l'Académie américaine accueille une trentaine d'artistes et de chercheurs pour un an, et une quarantaine de personnes y font des séjours plus courts.

Le projet d'établir une Académie américaine à Rome naquit à la suite de l'Exposition universelle de 1893 de Chicago suivant l'idée d'un groupe formé notamment par deux architectes : Charles Follen McKim, qui réalisa certains bâtiments de l'université de Columbia (1893) et la Pierpont Morgan Library (1903) à New York, et Daniel Burnham, à qui l'on doit le Flatiron Building à New York (1902). Ceux-ci attachaient une grande importance à la culture classique ainsi qu'à l'Europe et convainquirent les plus grands financiers new-yorkais de l'époque (J. P. Morgan, John D. Rockefeller et Henry Clay Frick) de faire des dons considérables pour l'instauration de l'Académie américaine à Rome en 1894.

Aujourd'hui, les ateliers d'artistes qui se dressent devant la façade extérieure rappellent les pavillons de l'Exposition de 1893 et le bâtiment principal de l'Académie, construit par McKim, Mead et White, a été inspiré des villas Renaissance avec un *piano nobile* (« étage noble ») et une cour décorée de vestiges de sculptures antiques.

La belle villa Aurelia a été construite pour le cardinal Girolamo Farnèse en 1650. En 1849, Garibaldi y établit ses quartiers généraux pour défendre la République romaine contre les armées françaises, dont l'artillerie détruisit largement la villa et ses jardins en remportant la victoire. Après d'importantes restaurations, la villa fut léguée à l'Académie américaine en 1909. Des conférences et des concerts s'y tiennent régulièrement.

Dans les jardins, la Casa Rustica occupe le lieu où se tenait au XVIe siècle le Casino du cardinal Malvasia. Le 14 avril 1611, l'Accademia dei Lincei y tint une grande réception en l'honneur de Galilée, qui fit observer le ciel à ses invités à travers le télescope dont il était l'inventeur. Détruit en 1849, le Casino a été remplacé par la Casa Rustica à l'intérieur de laquelle des cartes réalisées par la NASA représentent le ciel que l'on pouvait voir le 14 avril 1611. Le lieu était une taverne (on peut encore lire l'inscription *VINO*) jusque dans les années 1920, date à laquelle il a été acheté par l'Académie.

■ Tél. : 06 58461 • info@aarome.org
Ouvert à l'occasion d'expositions, concerts, conférences...
Programme disponible sur www.aarome.org

TRASTEVERE

Lungotevere dei Cenci
Lungotevere dei Vallati
Lungotevere Raffaello Sanzio
Lungotevere Farnesina
L. d. Anguillara
L. Alberteschi
Isola Tiberina
OSPEDALE FATEBENEFRATELLI
Pza Fatebenefratelli
Ponte Fabricio
Ponte Cestio
Ponte Rotto
Ponte Garibaldi
Ponte Sisto
S. BART
Pza S. Bartolomeo all' Isola
MINISTERO DI GRAZIA E GIUSTIZIA
V. d. Tempio
Via Catalana
Portico d'Ottavia
V. S. Ambrogio
Pza d. Cinque Scole
V. B. Cenci
Pza Cenci
V. S. B. de' Vaccinari
V. d. Zoccolette
V. d. Strengari
V. d. Melangolo
Via C. Antonietti
Pza S. Vincenzo Pallotti
V. S. Paolo a. Regola
Pza S. P. alla Regola
Piazza Trilussa
V. d. Politeama
V. del Moro
V. di S. S. Callisto
Pza S. Apollonia
Via d. Renella
V. G. Modena
Pza G. G. Belli
Pza G. Tavani Arquati
Pza S. G. de Matha
Pza Sidney Sonnino
V. S. Bonosa
Vic. d. Luce
V. d. Olmetto
Lungaretta
Lungarina
Pza in Piscinula
Pza Castellani
Pza Gensola
Pza d. Drago
SAN CRISOGONO
Vic. di Mazzamurelli
V. Zanazzo
G. C. Santini
V. S. Crisogono
Via C. Marmaggi
Vic. dei Tabacchi
Via dei Genovesi
V. T. Scarpetta
Vic. d. Atleta
V. d. Salumi
V. d. Vascellari
Pza d. Ponziani
V. d. Bottino
Vicolo d. Vascellari
V. Ripense
Ripa
TRASTEVERE
OSPEDALE DEI SS. MARIA E GALLICANO
Vic. d. Torre
V. d. Arco di S. Calisto
Pza S. Rufina
V. d. Cisterna
Pza S. Callisto
S. CALLISTO
Pza S. Maria in Trastevere
S. MARIA IN TRASTEVERE
Pza di S. Egidio
Vic. d. Cinque
Cipresso
Pza de Renzi
Pelliccia
Fonte d'Olio
Lgo M. D. Fumasoni Biondi
Vic. d. Bologna
Vic. d. Scala
Pza d. Scala
Vic. del Mattonato
Via d. Frusta
Vic. d. Leopardo
V. d. Cedro
S. DOROTEA
V. S. Dorotea
Vic. Moroni
Vic. d. Quartiere
V. di Ponte Sisto
V. d. Porta Settimiana
Via della Scala
V. d. Paglia
V. S. Cosimato
Via Manara
Via Luciano Manara
V. F. Sturbinetti
Via A. Bertani
Via Venezian
V. L. Masi
V. d. Fratte di Trastevere
V. dei Fienaroli
Via Mameli
Via N.
47
48
58
59
68
69
70
71
72
73
74
75
2
5
6
7
8
9

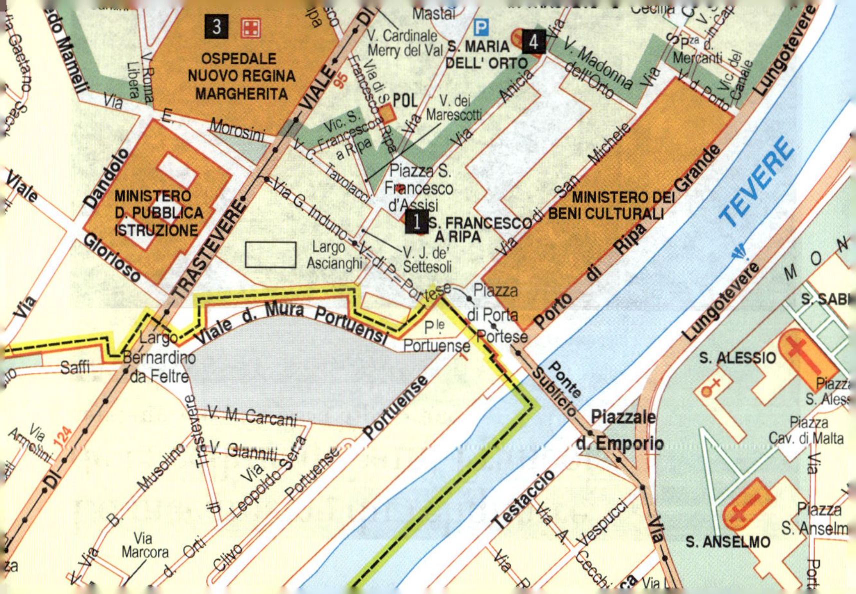
OSPEDALE NUOVO REGINA MARGHERITA
3
4
S. MARIA DELL' ORTO
1
S. FRANCESCO A RIPA
MINISTERO D. PUBBLICA ISTRUZIONE
MINISTERO DEI BENI CULTURALI
TEVERE
S. ALESSIO
S. ANSELMO
Viale Trastevere
Lungotevere
Porto di Ripa Grande
Viale d. Mura Portuensi
Piazza di Porta Portese
P.le Portuense
Ponte Sublicio
Piazzale d. Emporio
Testaccio
Portuense
Via G. Induno
V. d. P. Portese
V. J. de' Settesoli
Largo Ascianghi
Piazza S. Francesco d'Assisi
Via di San Michele
Via Anicia
V. Madonna dell'Orto
V. dei Marescotti
Via di S. Francesco a Ripa
Vic. S. Francesco a Ripa
V. C. Tavolacci
V. Cardinale Merry del Val
Mastai
Morosini
Via E. Morosini
V. Roma Libera
Via Dandolo
Viale Glorioso
Largo Bernardino da Feltre
Saffi
V. M. Carcani
V. Gianniti
Via Leopoldo Serra
Via Musolino
Via B. Musolino
Via Marcora
Clivo d. Orti
Trastevere
Via Armellini
Via A. Vespucci
Via A. Cecchi
Piazza Cav. di Malta
Piazza S. Alessio
Piazza S. Anselmo
V. d. Porto
Vic. del Canale
P.za d. Mercanti
POL
95
124

Saint François d'Assise et ses compagnons furent hébergés dans une cellule attenante à cette église qui appartenait à des moines bénédictins avant qu'on ne la nomme San Francesco d'Assisi a Ripa Grande, le pape Grégoire IX ayant demandé en 1229 aux bénédictins de donner leur église et l'hospice adjacent aux Frères mineurs.

On ignore généralement que cette cellule réaménagée par la suite en chapelle recèle un curieux chef-d'œuvre baroque : un étonnant autel a été

sculpté dans une racine de noyer entre 1698 et 1708 par le frère franciscain Bernardino da Jesi, et enjolivé ensuite de peintures anciennes.

Au centre de la cloison en bois se détache un magnifique retable du XIIIe siècle comprenant un portrait de saint François attribué à l'école de Margheritone d'Arezzo. Le retable est flanqué de deux tableaux du XIVe siècle représentant saint Antoine de Padoue et saint Ludovic de Toulouse, tandis que sur les cloisons latérales de l'autel figurent la Vierge et l'ange de l'Annonciation, œuvres de la fin du XVIIe siècle réalisées par un artiste de l'école de Carlo Maratta. C'est le cardinal Ranuccio Pallavicini qui commanda ce meuble rare pour l'offrir à l'église avec sa prodigieuse collection de reliques. L'objet dissimule en réalité un ingénieux mécanisme : les reliques sont conservées à l'intérieur de l'autel, dans de précieuses châsses en argent. Lorsqu'on déclenche ce mécanisme, tous les éléments apparents de l'autel pivotent afin d'exposer les trésors qu'il contient et de transformer ainsi l'autel en un somptueux reliquaire.

À côté de l'autel, dans une niche fermée par une grille, on a également conservé une pierre sur laquelle saint François aurait, dit-on, posé la tête.

■ Tél. : 06 5819020

Le cloître de San Giovanni Battista dei Genovesi

2 Via Anicia, 12

C'**est dans le dédale** du quartier de Trastevere que se trouve le siège de la Confrérie de saint Jean-Baptiste où se cache l'un des plus beaux cloîtres de Rome. Invisible de la rue, on y accède depuis l'église après avoir franchi une petite porte qui s'ouvre dans le mur de gauche.

On se retrouve alors dans un havre de paix et de silence où l'on est d'emblée saisi par la beauté des arcades du rez-de-chaussée qui s'arc-boutent sur des piliers octogonaux, ainsi que par les architraves de l'étage supérieur et par le contraste entre les ombres qu'elles projettent et le soleil qui inonde les plantes vertes et luxuriantes. Au centre du jardin se dresse un puits en travertin du XIVe siècle enjolivé de deux colonnes antiques de style ionique.

Des fragments de marbres antiques sont répartis çà et là sous les arcades. L'église et une grande partie des bâtiments ont été si souvent réaménagés du XVe au XIXe siècle qu'ils ont perdu leur aspect d'origine, à l'exception du vieil hospice et du cloître, réalisé en 1481 et attribué à Baccio Pontelli, l'architecte de la chapelle Sixtine.

Une inscription sur une stèle funéraire nous signale qu'il y avait jadis une enceinte à l'intérieur du cloître et que celle-ci fut démolie à la fin du XVIIIe siècle, tandis que sur une colonne une autre inscription, en latin cette fois, nous apprend qu'un frère de Savone planta dans le cloître le tout premier palmier importé à Rome à la fin du XVIe siècle.

C'est au début du XVIIe que remonterait cependant le cycle des fresques attribuées à Guido Signorini et à Gerolamo Margotti, fresques que l'on a redécouvertes dans les années 1970 sous une épaisse couche de crépi peint à la chaux alors qu'on restaurait l'ensemble.

La Confrérie fut instituée en 1533, mais l'église dédiée à saint Jean-Baptiste (saint patron de la ville de Gênes) et l'hospice attenant (fondé par Sixte IV et financé par l'ambassadeur de Gênes pour venir en aide aux marins) existaient déjà.

Pourquoi saint Jean-Baptiste est-il le patron de la ville de Gênes ?

Vers l'an 1100, sur le chemin du retour à Gênes après les croisades, des galères génoises s'arrêtèrent sur les côtes de la Lycie (sud-ouest de la Turquie actuelle) et trouvèrent les cendres de saint Jean-Baptiste dans un couvent, non loin de la ville de Myre (actuelle ville de Demre). C'est à la suite de cet épisode que la ville adopta le saint comme son saint patron.

Les cloîtres de l'hôpital Nuovo Regina Margherita

3 Piazza San Cosimato

Nommé ainsi car il était construit sur les flancs du Janicule dont le sable était vaguement doré, l'ancien monastère des saints Côme et Damien in Mica Aurea sera plus connu par la suite sous le nom de San Cosimato. Celui-ci fait aujourd'hui partie intégrante de l'ensemble hospitalier Nuovo Regina Margherita, inauguré en 1970.

Si l'on exclut le personnel hospitalier, les patients, leurs familles et quelques promeneurs, rares sont ceux qui savent que l'hôpital abrite deux cloîtres spectaculaires : le cloître médiéval, qui remonte au début du XIIe siècle, et le cloître Renaissance, réalisé pendant la restauration qu'avait voulue Sixte IV. Le premier, l'un des plus grands de la Rome médiévale, est le plus impressionnant. Garni d'arcades sur les quatre côtés, agrémenté de petites colonnes jumelées qui soutiennent de petits arcs étroits en brique, le cloître contient de nombreux fragments d'inscriptions antiques. Il est riche en colonnes et en sarcophages épars sur le gazon ou au milieu des arbres du jardin.

Quelques marches mènent ensuite au deuxième cloître. De forme carrée et plus petit que le premier, il est orné d'arcades soutenues par des pilastres octogonaux en travertin surmontés de beaux chapiteaux décorés de motifs végétaux. Dans le jardin intérieur, il est pourvu d'un réservoir qui remonte au milieu du XIXe siècle.

San Cosimato, dont l'histoire architecturale complexe s'articule en deux phases médiévales et en une phase Renaissance, fut pendant des siècles l'un des plus riches monastères de Rome.

Fondé dans la première moitié du Xe siècle par des moines bénédictins, le monastère ne fut achevé qu'au XIIIe siècle. L'ordre féminin franciscain des Clarisses, qui prit possession du couvent en 1234, entreprit des travaux d'agrandissement, suivis par d'autres travaux effectués sous le pontificat de Sixte IV à l'occasion du jubilé de 1475. C'est alors que furent construits une nouvelle église, un clocher et le deuxième cloître.

Après l'unification de l'Italie et en vertu des lois sur la suppression des corporations religieuses, le couvent de San Cosimato fut cédé par l'État à la Ville de Rome. Attribué à une congrégation de charité, il fut ensuite transformé en hospice.

■ Accès : tram n° 8, station Bernardino da Feltre

La machine des quarante heures

Église Santa Maria dell'Orto

4 Via Anicia, 10

Sur l'autel majeur de l'église Santa Maria dell'Orto, conçu par Giacomo della Porta, la superbe « machine des quarante heures », plus qu'une véritable machine, est une étonnante structure sur laquelle sont disposées 213 bougies. Réalisée par Luigi Clementi en 1848, elle trouve son origine dans une tradition médiévale selon laquelle, à Pâques, on plaçait une hostie consacrée dans un tombeau symbolique pendant les quarante heures que Jésus aurait passées au tombeau entre le vendredi saint (sa mort) et le dimanche de Pâques (sa résurrection).

Au XVIe siècle, ce rituel a été remplacé par des périodes de quarante heures de prière continue. Les fidèles allaient d'église en église en priant et l'autel était souvent décoré par une structure temporaire (dite *apparato*) pour attirer l'attention sur l'hostie.

À la fin du XVIe siècle, afin de détourner le peuple des débauches du carnaval, des ecclésiastiques romains instaurèrent la coutume de célébrer les quarante heures pendant neuf jours en février, dans les églises San Lorenzo in Damaso et du Gesù. Une superbe machine des quarante heures fut ainsi réalisée en 1632 par Pietro da Cortona pour l'église San Lorenzo in Damaso. La plupart du temps, les machines des quarante heures étaient conçues dans des matériaux simples à travailler, comme des structures en bois sur lesquelles étaient réalisés des ornements de stuc ou de papier mâché. La machine de Santa Maria dell'Orto, elle, est très finement travaillée, si bien que de structure temporaire elle est devenue permanente. Elle est la dernière machine de ce type à Rome et est encore utilisée au cours de la messe de la Sainte Cène, le jeudi saint : toutes les bougies de l'autel majeur sont alors allumées en même temps. L'église reste ouverte jusqu'à minuit pour que les fidèles puissent se recueillir devant ce spectacle, le fait de laisser les bougies allumées pendant quarante heures n'étant plus possible, principalement pour des raisons techniques. La machine elle-même est exposée dans l'église pendant cinquante jours après Pâques et est ensuite retirée.

■ Accès : tram n° 8, station Trastevere / Piazza Mastai

Théâtre anatomique de l'hôpital San Gallicano

Sede Storica Istituto San Gallicano

5 Via San Gallicano 25

Au sein de l'hôpital Santa Maria et San Gallicano, toujours en activité, se trouve l'ancien théâtre anatomique de l'hôpital. C'est dans cette salle décorée de bas-reliefs en stuc qu'étaient effectuées les dissections de corps humains. Au sol, sous la trouée lumineuse qui perce la voûte, une grande dalle de marbre marque l'emplacement de la table sur laquelle étaient posés les cadavres. La salle est désormais occupée par le siège de la direction scientifique de l'Institut.

Léon XII fit construire ce théâtre anatomique en 1826 pour célébrer les cent ans de l'Institut Santa Maria et San Gallicano. L'architecte Giacomo Palazzi fut chargé de concevoir cette pièce ovale au centre de laquelle s'ouvre une voûte

ronde entourée d'allégories de la médecine. Sur les côtés, des médaillons de stuc représentent dix-huit médecins romains illustres, de Celsus, surnommé l'« Hippocrate latin » (Ier siècle après J.-C.) au grand anatomiste Gabriele Fallopio (1523-1562) qui décrivit certains éléments essentiels de l'appareil reproducteur et de l'appareil auditif ou à Lancisi (1654-1720) qui a établi la corrélation entre la présence de moustiques et la malaria.
La beauté de cette pièce réside dans les bas-reliefs en stuc sculptés par Ignazio del Sarti, qui évoquent la légende d'Esculape d'après le récit qu'en fait Ovide dans *Les Métamorphoses* (voir ci-après).

Des théâtres anatomiques très bien préservés existent à Londres, Barcelone, Pistoia (Toscane), Padoue et Bologne. Voir notamment le guide *Londres insolite et secrète*, dans la même collection.

Esculape, le dieu de la Médecine, à l'origine de la création de l'île Tibérine ?

Selon le récit qu'en fait Ovide dans *Les Métamorphoses*, alors que la peste décimait Rome, les Romains allèrent consulter à Delphes l'oracle de la Pythie, qui répondit qu'ils n'avaient pas besoin de l'aide d'Apollon, mais de celle de son fils, dieu de la Médecine. Le Sénat romain envoya donc des hommes quérir Esculape en bateau à Épidaure. Celui-ci leur annonça qu'il apparaîtrait sous la forme d'un serpent et qu'il faudrait savoir le reconnaître. Les Romains prièrent le dieu et un grand serpent apparut, qu'ils laissèrent embarquer sur le navire. Le serpent écarta les dangers du voyage, et permit au bateau de remonter le Tibre. Arrivé à Rome, il s'enroula à la cime d'un arbre. À cet endroit précis, le fleuve se divisa en deux cours, donnant naissance à l'île Tibérine. Le serpent descendit alors de l'arbre et guérit Rome.

L'excubitorium

6 Via della Settima Coorte

Au milieu du XIXe siècle, à l'occasion de fouilles, des salles d'époque romaine furent découvertes à environ huit mètres de profondeur. En raison de la présence de nombreuses fresques sur les parois, ces pièces ont été désignées comme étant le siège d'un détachement de la VIIe cohorte des vigiles. Le corps des vigiles était composé de sept cohortes de 1 000 à 2 000 hommes chacune. Chaque cohorte effectuait son service dans l'un des quatorze quartiers qui composaient la ville et avait une caserne principale dans l'un de ces quartiers et un détachement (*excubitorium*) dans un autre.
Malheureusement, le lieu fut abandonné après les fouilles, ce qui entraîna de graves conséquences pour la conservation de la structure et des fresques des anciens pompiers ainsi que pour la préservation d'une ancienne mosaïque, détruite pendant la Seconde Guerre mondiale. Ce n'est qu'un siècle plus tard que le monument a été remis à l'abri grâce à la pose d'un toit et vingt ans plus tard que les travaux de restauration ont été finalement achevés.
Il semble que cette caserne de pompiers ait été aménagée à la fin du IIe siècle après J.-C. à l'intérieur d'une demeure privée. Au pied d'un escalier moderne se trouve une grande salle ornée d'un singulier bassin hexagonal. Face à l'entrée, une porte mène dans le *lararium*, une chapelle dédiée au protecteur des vigiles. Dans les autres pièces, on a retrouvé des fragments de pavements

en terre cuite et un *dolium* enterré dans lequel on conservait d'habitude le vin, l'huile et le blé.

Dans les reproductions graphiques et photographiques qui documentent la grande mosaïque en noir et blanc qui décorait le pavement de l'*aula*, on peut voir deux tritons qui tiennent à la main respectivement une torche allumée et une éteinte.

De tous ces témoignages importants ayant survécu jusqu'au moment des fouilles, il ne reste malheureusement presque plus rien. La seule exception est la fresque représentant un angelot et des chevaux marins sur le linteau d'une porte. La perte la plus grave est celle d'environ cent fresques de pompiers. Ces témoignages insolites concernant l'organisation et la vie de la caserne, tracés entre 215 et 245 après J.-C. par les vigiles eux-mêmes sur les murs, représentent l'hommage aux empereurs, des expressions de fatigue, des remerciements aux dieux et au génie de l'*excubitorium*, ainsi que le nom et le numéro de la cohorte et des noms et des grades de vigiles.

■ Accès : tram n° 8, station Trastevere / Mastai ou Belli • Ouvert sur demande en contactant le géomètre Vittorio Rapaccioni au 06 699841

La cloche de l'église San Benedetto in Piscinula

7 **Piazza in Piscinula, 40**

La petite église San Benedetto in Piscinula est une belle construction du XIIIe siècle. Appelée San Benedettino par les habitants du Trastevere, elle fut érigée sur les ruines de la *Domus Aniciorum*, la maison des Anicii, une ancienne famille romaine à laquelle, dit-on, appartenait saint Benoît, dont la cellule est annexée à l'église. Outre la cellule utilisée par le saint, c'est le charmant petit clocher roman qui représente la vraie curiosité des lieux. On dit en effet que sa cloche, dont le diamètre mesure

45 cm, est la plus petite et la plus ancienne de Rome. Gravée sur le bronze, l'inscription « 1069 », qui indique sa date de fabrication, a bravé les siècles et demeure lisible.

L'intérieur de l'église est très irrégulier et constitué, comme souvent à Rome, d'un mélange d'œuvres remontant à différentes périodes. Les colonnes sont d'époque romaine et le dallage remonte au Moyen Âge. Les restes des fresques qui représentent des scènes de l'Ancien Testament sur la paroi de droite et le Jugement dernier sur la contre-façade remontent, elles, au XIIe siècle.

■ Accès : tram n° 8, station Belli

À VOIR AUX ALENTOURS

8 Les mosaïques oubliées de l'église Santa Maria in Trastevere

Santa Maria in Trastevere, avec son clocher du XIIe siècle, l'un des plus élevés de la ville, ses colonnes romaines récupérées sur d'autres monuments et ses précieuses mosaïques, est l'une des plus belles basiliques de Rome.

Presque tous les Romains ont admiré ne serait-ce qu'une fois l'extraordinaire mosaïque médiévale représentant la Vierge sur le trône et l'Enfant.
Rares sont en revanche ceux qui savent que les mosaïques les plus anciennes, qui datent du Ier siècle après J.-C., sont les deux plus petites et les plus cachées. Magnifiques, elles sont enchâssées dans la paroi droite du vestibule de la sacristie, et représentent des oiseaux aquatiques et des scènes de pêche.

Les mosaïques extérieures de l'église sont incurvées pour éviter d'être abîmées par la pluie.

■ Vestibule de la sacristie de l'église Santa Maria in Trastevere
Piazza Santa Maria in Trastevere
Tél. : 06 5814802
Accès : tram n° 8, station Belli
Vestibule : ouvert sur simple demande

Créée à la suite de la venue des Carmes à Rome à la fin du XVIe siècle, la pharmacie de Santa Maria della Scala est, de toutes les pharmacies de couvent, celle qui devint la plus renommée grâce à ses différentes spécialités inventées pour combattre la peste et autres maladies graves. Elle a réussi à garder ouvert au public un dispensaire gratuit jusqu'aux années 1950 et à rester ouverte jusqu'en 1978.

Cette vieille pharmacie se trouve aujourd'hui à l'étage supérieur de la pharmacie plus moderne qui est, elle, encore en fonction. Elle est demeurée pratiquement telle qu'elle était au XVIIIe siècle et offre aux visiteurs un spectacle unique.

L'un des frères travaillant dans la pharmacie, Fra' Basilio, devint célèbre pour ses remèdes à base d'herbes et notamment pour sa célèbre *Acqua Antipestilenziale* (« Eau contre la peste ») ou *Acqua della Scala* qui soignait différents types de peste, à tel point que ses conseils furent entendus par le roi, les cardinaux et les papes. En 1726, il institua un cours pour enseigner à ses disciples la chimie, la botanique et la pharmacie. Les inscriptions élogieuses ajoutées sur deux tableaux qui représentent ce moine très apprécié, mort en 1804 après presque soixante ans de travail, en résument la vie. Ses fameux traités sont conservés telles des reliques précieuses.

Le tableau du XVIIIe siècle de Ghezzi, conservé dans le vestibule, rend parfaitement l'idée de la beauté et de l'importance de la pharmacie à l'époque. Fra'Basilio est montré en train d'enseigner à ses disciples, entouré d'alambics et de mortiers, d'étagères regorgeant de gros livres et d'armoires contenant des vases remplis de sels et d'herbes.

- Accès : tram n° 8, station Belli
  Ouvert pour les visites de groupes
  (seulement en italien)
  Tél. : 06 5806233

AVENTINO - TESTACCIO

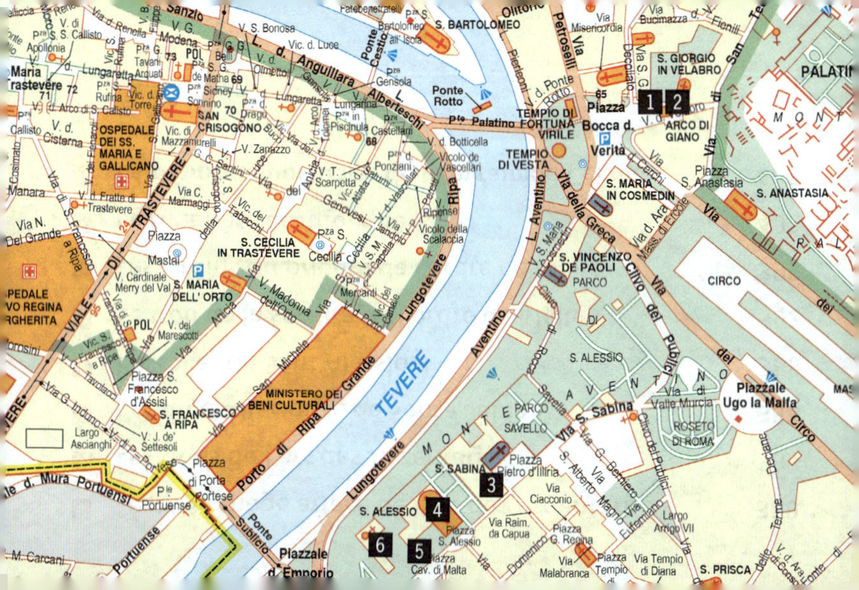
S. BARTOLOMEO
S. GIORGIO IN VELABRO
PALATINO
ARCO DI GIANO
TEMPIO DI FORTUNA VIRILE
TEMPIO DI VESTA
Bocca d. Verità
S. MARIA IN COSMEDIN
S. ANASTASIA
Piazza S. Anastasia
Via della Greca
S. VINCENZO DE PAOLI
CIRCO
Clivo dei Publici
Piazzale Ugo la Malfa
ROSETO DI ROMA
S. ALESSIO
PARCO SAVELLO
S. SABINA
Piazza Pietro d'Illiria
S. PRISCA
Piazza Cav. di Malta
Piazza S. Alessio
MONTE AVENTINO
Lungotevere Aventino
TEVERE
Ponte Rotto
Ponte Cestio
Ponte Sublicio
Piazzale d. Emporio
Piazza di Porta Portese
Porto di Ripa Grande
MINISTERO DEI BENI CULTURALI
S. FRANCESCO A RIPA
Piazza S. Francesco d'Assisi
S. MARIA DELL' ORTO
S. CECILIA IN TRASTEVERE
Lungotevere Ripa
L. Alberteschi
L. d. Anguillara
SAN CRISOGONO
OSPEDALE DEI SS. MARIA E GALLICANO
Viale di Trastevere
Piazza Mastai
Via della Lungaretta
Via dei Genovesi
Via Anicia
OSPEDALE NUOVO REGINA MARGHERITA
S. Maria in Trastevere
Piazza Sonnino
Via Petroselli
Via di S. Francesco a Ripa
Via G. Induno
Via d. Mura Portuensi
Via Portuense
1
2
3
4
5
6

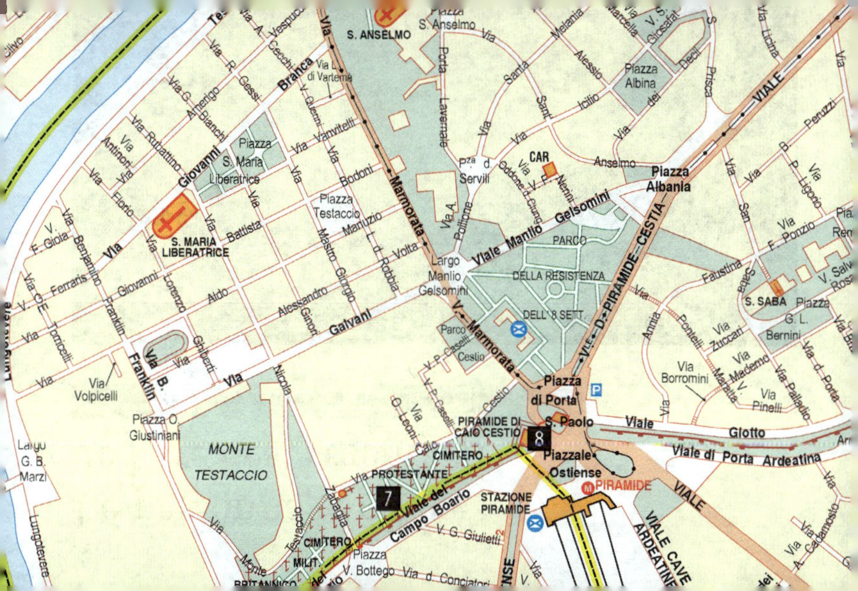
S. ANSELMO
S. MARIA LIBERATRICE
S. SABA
PIRAMIDE DI CAIO CESTIO
CIMITERO PROTESTANTE
CIMITERO MILIT. BRITANNICO
STAZIONE PIRAMIDE
PIRAMIDE
MONTE TESTACCIO
PARCO DELLA RESISTENZA DELL' 8 SETT.
Parco Cestio
Piazza Albania
Piazza di Porta S. Paolo
Piazzale Ostiense
Piazza Testaccio
Piazza S. Maria Liberatrice
Piazza Albina
Piazza O. Giustiniani
Largo Manlio Gelsomini
Largo G. B. Marzi
Viale Manlio Gelsomini
V.le D. Piramide Cestia
V. Marmorata
Via Marmorata
Viale Giotto
Viale di Porta Ardeatina
Viale Cave Ardeatine
Viale del Campo Boario
Via Giovanni Branca
Via Galvani
Via B. Franklin
Via Nicola Zabaglia
Via Alessandro Volta
Via Mastro Giorgio
Via Luca d. Robbia
Via Aldo Manuzio
Via Lorenzo Ghiberti
Via Giovanni Battista Bodoni
Via Benjamino Franklin
Via Ginori
Via Vanvitelli
V. Querini
Via L. di Varthema
Via A. Vespucci
Via R. Gessi
Via Amerigo Cecchi
Via G. Bianchi
Via Rubattino
Via Antinori
Via Florio
V. F. Gioia
Via G. E. Ferraris
Via Torricelli
Via Volpicelli
Via Porta Lavernale
Via A. Pollione
Pza d. Servili
Via Oddone d. Clung.
V. F. Nerini
CAR
Via S. Anselmo
Via S. Melania
Via Sant' Alessio
Via Santa Prisca
Via Icilio
Via S. Marcella
V. S. Giosafat
Via dei Decii
Via Licina
Via Anselmo
Via B. Peruzzi
Via P. Ligorio
Via San Saba
Via F. Ponzio
V. Salvator Rosa
Via Faustina
Piazza G. L. Bernini
Via Annia
Via Pontelli
Via Zuccari
Via Maderno
V. Maratta
Via Borromini
Via Pinelli
Via Palladio
Via d. Porta
Via Cestio
V. P. Caselli
Via O. Leoni
Via Caio
Via Testaccio
Via Monte
V. G. Giulietti
V. Bottego
Via d. Conciatori
Via A. Cadamosto
Lungotevere
7
8

Le personnage effacé de l'arc des Argentarii

1 Arco degli Argentarii – Via del Velabro

Tout près de la très vieille église San Giorgio in Velabro se dresse un arc connu sous le nom d'Arco degli Argentarii (« arc des banquiers et changeurs ») : ceux-ci dédièrent cette porte monumentale, en compagnie des bouchers, à l'empereur Septime Sévère.

Davantage qu'un arc, il s'agit probablement de l'une des portes d'accès au Foro Boario, l'ancien marché aux bœufs. Une riche décoration avec des motifs végétaux occupe presque toute la surface des piliers et de l'architrave. On peut encore y lire l'inscription d'origine, avec la dédicace de 204 après J.-C. à Septime Sévère, sa femme, Julia Domna, et son fils, Bassianus, plus connu sous le nom de Caracalla, sobriquet dérivant d'une tunique descendant jusqu'aux pieds dont il avait lancé la mode. À l'intérieur du monument, on pourra admirer, sur le pilier de gauche, Caracalla en train d'accomplir un sacrifice religieux, et sur celui de droite, l'empereur en compagnie de l'impératrice.

Si l'on y regarde de plus près, on remarquera, à côté de ces personnages, des espaces vides que des figures effacées volontairement ont laissés.

Après la mort de Septime Sévère, et selon ses désirs, ses deux fils, Caracalla et Geta, gouvernèrent ensemble pendant près d'un an, jusqu'à ce que Geta soit assassiné par son frère entre les bras de leur mère, selon le récit d'Hélios Spartianus dans l'*Histoire d'Auguste*. Caracalla accusait Geta d'avoir tenté de l'empoisonner et le Sénat fut obligé de croire à cette version, Geta étant dès lors déclaré ennemi public et condamné à la *damnatio memoria*. Cette sanction prévoyait justement que ses images fussent détruites et que l'on effaçât son nom des inscriptions.

C'est à cette occasion que Caracalla fit effacer le nom et le portrait de son frère assassiné, qui était certainement représenté à côté de ses parents, ainsi que ceux de sa femme, Plautilla, et de son beau-père, le préfet du prétoire Plautianus.

À VOIR AUX ALENTOURS

2 Les trous de l'arc des Argentarii

Sur la partie antérieure de l'arc apparaissent également de nombreux trous réalisés au Moyen Âge. Ceux-ci accréditent la légende selon laquelle un gros trésor en argent était caché à l'intérieur de l'arc.

De nombreuses anecdotes plus ou moins légendaires concernant cet arbre nous sont parvenues. On prétend notamment que saint Dominique avait rapporté cet oranger d'Espagne et qu'il le planta à l'angle nord-ouest de l'ancien portique à quatre arcades (aujourd'hui disparu) où il avait l'habitude de dormir. Jusqu'alors, on n'avait jamais vu pousser d'oranges en Italie.

Pendant des siècles, cet oranger fut qualifié de miraculeux, un nouvel arbre surgissant de son tronc chaque fois qu'il s'asséchait. Saint François de Sales (1567-1622) l'évoque dans une lettre à sainte Jeanne de Chantal, où il montre combien l'arbre était devenu objet de dévotion à saint Dominique.

Ses oranges auraient été utilisées pour fabriquer des couronnes et des souvenirs destinés à des papes et à des cardinaux. On raconte que les oranges confites que sainte Catherine de Sienne offrit à Urbain VI en 1379 provenaient de ce miraculeux oranger.

En 1936, on abaissa le niveau du terrain où l'arbre se dresse. Au cours des travaux, une pièce de monnaie du XIVe siècle aurait été retrouvée entre ses racines.

Napoléon sur une porte du Vᵉ siècle !

Sculptés au Vᵉ siècle après J.-C., les célèbres panneaux de bois qui recouvrent le portail de l'église représentent des scènes de l'Ancien et du Nouveau Testament. Très curieusement, on y voit un portrait de Napoléon qui est représenté sous les traits du pharaon poursuivant les Juifs, lors du passage de la mer Rouge.

Dans la première moitié du XIXᵉ siècle, un sculpteur qui restaurait la porte prit en effet la liberté de représenter ainsi Napoléon en persécuteur du peuple de Dieu.

La réalité est relativement autre, en ce qui concerne Napoléon et les Juifs : Napoléon fut au contraire le premier monarque européen à libérer les Juifs de leurs ghettos, comme celui de Venise, et à leur assurer des droits.

Dans une chapelle de l'église des saints Boniface et Alexis, sur la colline de l'Aventin, on a conservé une partie de l'escalier en bois sous lequel saint Alexis aurait vécu pendant dix-sept ans.

Avant le xe siècle, aucune trace de saint Alexis n'apparaît en Occident, mais à partir de ce siècle, sa légende devint si populaire qu'elle inspira des fresques (dont une très belle conservée dans la basilique inférieure de San Clemente), des poèmes et des œuvres musicales dont on possède de fascinants témoignages.

Alexis serait né miraculeusement à Rome de parents nobles mais stériles. Après avoir vécu dans le luxe, il s'enfuit à Édesse, en Orient, où il vécut d'aumône pendant des années, comme un ascète. S'étant rendu compte que sa réputation de saint était trop répandue, Alexis décida de partir et s'embarqua pour Tarse, mais un vent contraire, et peut-être le destin, le conduisirent à Ostie. Il se dirigea alors vers Rome et se présenta à la maison de son père. Celui-ci l'accueillit, mais sans le reconnaître : croyant qu'il s'agissait d'un mendiant, il lui proposa de l'héberger sous l'escalier. Alexis y vécut pendant dix-sept ans et écrivit l'histoire de sa vie sur un rouleau de papier. Ce n'est que lorsqu'il mourut que la famille découvrit, mais trop tard, le rouleau qu'il tenait encore dans sa main et dès lors sa véritable identité.

L'église trouve son origine au IVe siècle, lorsque le pape ordonna la reconstruction d'un édifice dédié à saint Boniface déjà érigé sur l'Aventin. En 1217, il fut également dédié à saint Alexis.

Le plan de l'église, qui doit son aspect actuel aux réfections des XVIe, XVIIe et XIXe siècles, est calqué sur celui à trois nefs de l'édifice roman, dont on peut encore voir aujourd'hui le clocher et la crypte (peinte à fresque entre le XIIIe et le XIVe siècle et unique en son genre à Rome), d'où provient le fragment de l'escalier conservé dans la chapelle de Sant'Alessio.

Antonio Bergondi, sculpteur disciple du Bernin, exécuta pour cette chapelle une statue de marbre qui représente le saint vêtu en pèlerin sur son lit de mort.

Dans l'église est également conservé un puits qui se trouvait, dit-on, dans la maison du père d'Alexis, ainsi que l'icône de l'Assomption de Marie du IIIe siècle que le saint aurait, selon la légende, rapportée d'Orient.

Le trou de la serrure de l'ordre de Malte

5 Piazza dei Cavalieri di Malta

La superbe place des Chevaliers-de-Malte, entourée de palmiers, de cyprès et de murs riches en stèles et en obélisques, a été conçue par Piranèse. L'entrée monumentale du siège du prieuré de Malte, qui semble cacher un monde mystérieux et inapprochable, réserve dès l'extérieur une découverte surprenante. En collant l'œil à la serrure du portail, la coupole de la basilique Saint-Pierre apparaît, de façon étonnante, encadrée d'un tunnel verdoyant de plantes rampantes qui se trouve dans une allée du jardin intérieur du prieuré.
Le lieu, qui est la propriété de l'ordre souverain de Malte, fut aménagé par Piranèse sur ordre du cardinal Giovanni Battista Rezzonico.

■ Tél. : 06 5779193
Accès : métro ligne B, station Circo Massimo

À VOIR AUX ALENTOURS

6 Les jardins du prieuré de l'ordre de Malte

Les origines de ce prieuré remontent au xe siècle lorsqu'il faisait partie, sous le nom de Santa Maria Aventina, d'une abbaye bénédictine dédiée à saint Basile de Cappadoce. Au XIIe siècle, le monastère passa aux Templiers et, au début du XIVe siècle, aux chevaliers de Rhodes qui devinrent ensuite les chevaliers de Malte. Aujourd'hui, il est possible de braver la frustration qui naît lorsque l'on jette un coup d'œil à travers la serrure du prieuré (voir ci-dessus) : sur réservation, des groupes sont autorisés à pénétrer dans l'enceinte du prieuré. On accède alors à un magnifique jardin, même si sa taille est relativement modeste, dont le caractère exotique dégage un romantisme puissant. Dans l'un des coins du jardin subsiste un puits qui fut construit par les Templiers, unique vestige de leur passage. Il est

aussi possible de visiter l'église Santa Maria del Priorato, conçue au XVIe siècle par Piranèse. L'intérieur, constitué d'une nef unique, fut entièrement revêtu de stucs blancs dessinés par l'artiste, et la façade, un exemple du style de Piranèse, est l'unique œuvre architecturale – en plus de la place – réalisée par l'architecte.

■ Visites sur réservation sauf le dimanche : 06 67581234 (groupes : minimum 10 personnes)

L'ordre de Malte : l'unique association privée au monde à posséder les privilèges d'un pays à part entière (extraterritorialité, ambassades)…

L'ordre souverain militaire hospitalier de Saint-Jean de Jérusalem, de Rhodes et de Malte, plus communément appelé, suivant les époques, ordre de l'Hôpital, Ordre hospitalier, ordre de Rhodes ou ordre de Malte, est l'un des plus anciens ordres religieux catholiques dont la mission actuelle est la défense de la foi et l'aide aux plus démunis.

Créé à Jérusalem autour de 1050 par des marchands de l'ancienne république d'Amalfi pour assister les pèlerins en Terre sainte, cette communauté monastique dédiée à saint Jean-Baptiste fut reconnue comme ordre religieux par le pape Pascal II en 1113.

La prise de Jérusalem après les croisades en 1099 en fit rapidement un ordre également militaire, le deuxième en Terre sainte, après les Templiers. Après la perte de Jérusalem et de Saint-Jean-d'Acre en 1291, l'ordre se replia à Chypre de 1291 à 1309. La rivalité avec le roi de Chypre devenant difficile, l'ordre conquit l'île de Rhodes, alors sous souveraineté byzantine, et en fit son nouveau siège en 1310, et ce jusqu'en 1523. En raison de son insularité, l'ordre développa une flotte qui fit sa réputation. Vaincu par les Turcs, l'ordre passa à Civitavecchia puis à Viterbe, en Italie, avant d'aller à Nice puis de se fixer en 1530 à Malte, que lui confia Charles Quint qui avait compris l'utilité qu'il pouvait représenter contre d'éventuelles avancées ottomanes. Napoléon l'en chassa en 1798 et il fut finalement accueilli à Rome, par le pape, en 1834.

Avant la perte de Malte, la plupart de ses membres étaient des religieux qui avaient prononcé les trois vœux de pauvreté, de chasteté et d'obéissance. Encore aujourd'hui, quelques membres de l'ordre sont des moines, mais la plupart des

chevaliers et des dames (11 000 de nos jours) qui le composent sont des laïcs. La fonction militaire n'est plus exercée depuis 1798.
Si autrefois les chevaliers de l'ordre devaient provenir de familles chrétiennes nobles et chevaleresques, il suffit désormais de se distinguer par sa foi, sa moralité et par ses mérites à l'égard de l'Église et de l'ordre lui-même. Cependant, quoique les volontaires soient toujours les bienvenus, on ne peut faire acte de candidature.
L'ordre entretient des relations diplomatiques avec 93 pays par le biais d'ambassades. Il possède un statut très particulier qui fait de lui la seule organisation privée à être quasiment traitée comme un pays à part entière.
Le financement de ses activités provient des dons des membres mêmes de l'ordre et de dons privés.

À Rome, l'ordre possède deux sièges qui jouissent du statut d'extraterritorialité : le palais de Malte, au n° 68 de la Via dei Condotti, dans lequel réside le grand maître et où se réunissent les organes du gouvernement, et la villa Malta dans le quartier de l'Aventin, dans laquelle le Grand Prieuré de Rome, l'ambassade de l'ordre près le Saint-Siège et l'ambassade près l'État italien ont leur siège.

Quelle est l'origine de la croix de l'ordre de Malte ?

Fondé au milieu du XIe siècle à Jérusalem par des marchands amalfitains (d'Amalfi, près de Naples), l'ordre souverain militaire hospitalier de Saint-Jean de Jérusalem, le futur ordre de Malte, adopta l'emblème du port d'Amalfi sans en conserver le fond bleu. En 1130, Raymond du Puy qui transforma l'ordre charitable en ordre militaire obtint du pape Innocent II que son emblème cruciforme soit de couleur blanche, afin de le différencier de celui des Templiers qui portaient une croix rouge.

Chassé de l'île de Rhodes en 1523 par les Turcs, l'ordre s'installa quelques années plus tard à Malte. Le drapeau rouge de l'île, héritage de l'occupation normande, servit alors de support à la croix blanche. La croix de Malte était née.

La signification des huit pointes de la croix de Malte

Les huit pointes de la croix de Malte ont plusieurs sens. Elles représenteraient :

– les huit côtés du dôme du Rocher à Jérusalem ;

– les huit nationalités de provenance des chevaliers de l'ordre de Saint-Jean de Jérusalem (le futur ordre de Malte) ou les huit principes que devaient respecter ces chevaliers : spiritualité, simplicité, humilité, compassion, justice, miséricorde, sincérité et patience ;

– les vertus attendues de la part des chevaliers : loyauté, piété, franchise, courage, gloire et honneur, mépris de la mort, solidarité envers les pauvres et les malades, respect pour l'Église catholique.

N.B. : Pour les Chrétiens, les pointes symbolisent aussi les huit béatitudes que le Christ a exaltées dans le Sermon sur la montagne (selon saint Matthieu) :

« Bienheureux les pauvres d'esprit, car le royaume des cieux leur appartient. » (Mt. 5, 3)
« Bienheureux ceux qui sont doux, car ils posséderont la terre. » (Id.)
« Bienheureux ceux qui pleurent, car ils seront consolés. » (Mt. 5, 6)
« Bienheureux ceux qui ont faim et soif de la justice, car ils seront rassasiés. » (Mt. 5, 6)
« Bienheureux les miséricordieux, car il leur sera fait miséricorde. » (Mt. 5, 6)
« Bienheureux ceux qui ont le cœur pur, car ils verront Dieu. » (Mt. 5, 8)
« Bienheureux les artisans de paix, car ils seront appelés fils de Dieu. » (Id.)
« Bienheureux ceux qui souffrent de persécution à cause de la justice, car le royaume des cieux leur appartient. » (Mt. 5, 12)

Le cimetière acatholique

7 Via Caio Cestio, 6

À côté de la pyramide, imitation grandiose des pyramides égyptiennes et mausolée de Caius Cestius, se trouve un ancien cimetière protégé par des pins, des cyprès et des murs romains antiques.
Havre de paix quasiment inconnu, ce lieu est l'un des plus romantiques de la ville.
Ce cimetière, dans lequel reposent environ quatre mille défunts de toutes les races et de toutes les religions (hormis la religion catholique), possède de nombreuses appellations : cimetière protestant, cimetière des Anglais (en raison de la nationalité de la plupart des défunts), cimetière des artistes et des poètes (non seulement pour le très grand nombre d'artistes et de poètes qui y sont ensevelis, mais également pour tous ceux qui l'ont aimé et chanté) et enfin cimetière acatholique, qui est peut-être le nom le plus exact.
On est surpris, en se promenant au milieu des allées, par l'atmosphère magique qui y règne, et par la quiétude et la sérénité qui laissent à penser que le sommeil ultime est ici plus agréable.
Le cimetière est partagé en deux par un mur et par un fossé. La partie la plus récente contient un nombre impressionnant de tombeaux disséminés au milieu des arbres et recouverts de fleurs. Parmi ceux-ci, on trouve celui du

grand poète anglais Percy Bysshe Shelley, mort noyé à trente ans sur la plage de Viareggio, celui d'August von Goethe, le fils naturel de Johann Wolfgang, ou encore ceux des célèbres poètes Carlo Emilio Gadda et Antonio Gramsci. Différente, mais tout aussi évocatrice, est la partie la plus ancienne du cimetière, avec ses quelques tombes qui semblent disparaître au milieu du gazon de la première partie du terrain concédée par le pape en 1722 pour ensevelir – pratique jusqu'alors interdite – les protestants à l'intérieur des murs de la ville.

On trouvera ici la tombe d'un autre poète anglais mort très jeune, John Keats, incompris de son vivant, qui voulut que l'on grave sur sa pierre tombale la phrase suivante : « Ci-gît celui dont le nom était écrit sur l'eau » (« *Here lies one whose name was written on water* »).

■ Tél. : 06 5741900
Accès : tram n° 3, station Porta S. Paolo ; métro ligne B, station Piramide

La chambre mortuaire de la pyramide Cestia

8 Piazza di Porta San Paolo (Ostiense)

La pyramide de Caius Cestius, qui s'insère aujourd'hui dans l'enceinte des murs d'Aurélien à la hauteur de la Porta San Paolo, est l'un des monuments « mineurs » les plus connus et les plus singuliers de Rome.

C'est au Ier siècle avant J.-C. que remonte la mode romaine des obélisques, des sphinx et des sculptures provenant d'Égypte. Les temples consacrés à Isis et à Sérapis surgissaient aux quatre coins de l'Empire et certains patriciens eurent même l'idée d'ériger leur propre pyramide en guise de dernière demeure. Des témoignages historiques prouvent qu'il existait au moins trois pyramides funèbres à Rome. Peu de gens savent en revanche que l'on peut accéder à la pyramide Cestia et visiter sa chambre mortuaire ornée de somptueuses fresques. On entre dans le monument par une galerie moderne. L'intérieur est composé d'une seule pièce d'environ quatre mètres sur six avec une voûte en berceau très dépouillée. Une longue galerie monte du côté gauche. Elle a sans doute été creusée au Moyen

Âge par les premiers visiteurs du tombeau, en quête de trésors : à l'époque, la pyramide étant en partie enfouie, on y accédait à partir d'un point plus élevé que le niveau original. Le portrait du défunt, Caius Cestius, devait figurer sur le mur du fond, ou bien au centre de la voûte, mais les pilleurs ont dû se l'approprier, laissant de gros trous à la place. Les nombreux graffitis témoignent du fréquent passage de curieux et d'érudits, dont Antonio Bosio, qui visita le tombeau au début du XVIIe siècle. Bosio fut le premier à analyser avec des méthodes scientifiques les constructions souterraines et oubliées de la ville, et notamment les catacombes.

Parmi les nombreux témoignages de visiteurs, on remarquera le dessin d'un certain Giorgio Bafaia Florentino.

Ce qui attire le plus l'attention reste la décoration de la *cella*. Certaines figures, peintes à fresque, se détachent nettement sur le fond blanc de cadres d'une grande finesse. On distingue notamment, sur les murs, des prêtresses, des amphores et des candélabres, ainsi que quatre superbes Victoires ailées sur la voûte. De magnifiques fresques réalisées dans le plus pur style pompéien.

■ Tél. : 06 39967700 • Visites sur réservation auprès de Pierreci

LATRAN - COLISÉE
FORUMS - CELIO

PIAZZA VENEZIA
PALAZZO VENEZIA
S. MARCO
GESÙ
VITTORIANO
MERCATI TRAIANEI
FORO TRAIANO
SS. DOMENICO E SISTO
CAVOUR
Via Giovanni Lanza
S. MARTINO AI MONTI
S. PRASSEDE
S. Maria Maggiore
VITTORIO EMANUELE
Piazza Vittorio Emanuele II
PORTA MAGICA
S. ALFONSO DE'LIGUORI
Via Statuto
Via Carlo Alberto
S. PIETRO IN VINCOLI
FACOLTÀ DI INGEGNERIA
CIRC^NE 1^A
TEATRO BRANCACCIO
Merulana
Piazza Dante
FORO DI CESARE
FORO DI AUGUSTO
P^za DEL CAMPIDOGLIO
PAL. DEI CONSERVATORI
PAL. SENATORIO MUNICIPIO
S. M. D'ARACELI
TEATRO DI MARCELLO
TEMPIO DI APOLLO
S. NICOLA IN CARCERE
S. CATERINA D. FUNARI
S. MARIA IN CAMPITELLI
S. LORENZO IN MIRANDA
FORO ROMANO
S. FRANCESCA ROMANA
S. M. DELLA CONSOLAZIONE
PALATINO
MUSEO PALATINO
S. ANASTASIA
S. BONAVENTURA
ARCO DI COSTANTINO
PIAZZA DEL COLOSSEO
COLOSSEO
DOMUS AUREA
Viale Monte Oppio
Via Labicana
S. GIORGIO IN VELABRO
ARCO DI GIANO
TEMPIO DI FORTUNA VIRILE
TEMPIO DI VESTA
Piazza Bocca d. Verità
S. MARIA IN COSMEDIN
S. VINCENZO DE PAOLI
CIRCO MASSIMO
Piazzale Ugo la Malfa
S. ALESSIO
Piazza di Porta Capena
SS. GIOVANNI E PAOLO
S. GREGORIO MAGNO
TEMPIO DI CLAUDIO
VILLA CELIMONTANA
S. MARIA IN DOMNICA
Via S. Gregorio
Via Claudia
S. CLEMENTE
SS. QUATTRO CORONATI
OSPEDALE MILITARE DEL CELIO
OSPEDALE S. GIOVANNI
S. ANTONIO DA PADOVA
SANATORIO UMBERTO I
OSPIZIO D. ADDOLORATA
S. STEFANO ROTONDO
OSPEDALE BRITANNICO
PIAZZA CELIMONTANA
Piazza S. Giovanni in Laterano
BATTISTERO
SAN GIOVANNI IN LATERANO
Viale Manzoni
1
2
3
4
5
6
7
8
9
10
11

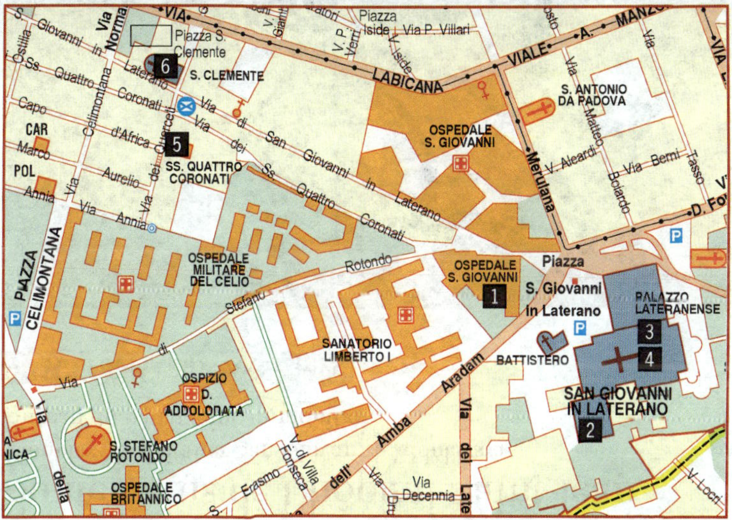

Piazza S. Clemente
S. CLEMENTE
VIALE LABICANA
VIA A. MANZONI
Piazza Iside
Via P. Villari
V. Iside
Via Merulana
S. ANTONIO DA PADOVA
Via Matteo Boiardo
V. Aleardi
Via Berni
Tasso
OSPEDALE S. GIOVANNI
Via di San Giovanni in Laterano
Via dei Ss. Quattro Coronati
SS. QUATTRO CORONATI
Via dei Querceti
Via Celimontana
Via Annia
Via Capo d'Africa
Via Aurelio
Marco
CAR
POL
Via Normanna
Ostilia
PIAZZA CELIMONTANA
OSPEDALE MILITARE DEL CELIO
Via di S. Stefano Rotondo
Piazza S. Giovanni in Laterano
OSPEDALE S. GIOVANNI
PALAZZO LATERANENSE
BATTISTERO
SAN GIOVANNI IN LATERANO
SANATORIO UMBERTO I
Via dell'Amba Aradam
Via del Laterano
OSPIZIO D. ADDOLORATA
S. STEFANO ROTONDO
OSPEDALE BRITANNICO
Via della
V. di Villa Fonseca
Erasmo
Via Decennia
V. Locri
D. Fontana
1
2
3
4
5
6

Souterrains de l'hôpital Saint-Jean

Complexe hospitalier San Giovanni-Addolorata
Bureau du patrimoine immobilier

1 Via dell'Amba Aradam, 9

Si les souterrains de la basilique du Latran sont connus grâce à la découverte des vestiges des casernes de la garde équestre de l'empereur Maxence, il existe, dans les sous-sols de l'hôpital San Giovanni, de nombreuses constructions méconnues remontant aux quatre premiers siècles de notre ère.

Certains de ces édifices faisaient partie de la Domus Annorum, la villa d'Annius Verus, le grand-père maternel de Marc Aurèle, comme en témoignent des restes de conduits hydrauliques en plomb recouverts d'inscriptions. L'élément le plus évident est un grand péristyle à arcades à l'intérieur duquel on peut encore voir des chapiteaux, des vestiges de colonnes et de barrières en marbre. Il ne reste malheureusement plus rien du riche pavement de marbre aux dalles rectangulaires.

Au centre du péristyle, on distingue toujours un grand bassin dont le fond est recouvert de briques. L'une de ces briques porte l'empreinte d'un pied chaussé de *caligae*, brodequins caractéristiques des soldats romains. Au centre du bassin figure une structure en ciment que certains ont reconnue comme le piédestal sur lequel reposait la statue équestre de Marc Aurèle qui trône aujourd'hui sur la place du Capitole. Jusqu'au XVIe siècle, cette statue se dressait au centre de la place du Latran, mais rien ne prouve qu'elle se soit trouvée auparavant dans cette riche *domus*.

D'autres fouilles effectuées à la fin des années 1960 pour la construction d'un nouveau bâtiment à l'usage de l'hôpital ont mis au jour les vestiges de nombreux édifices érigés entre le Ier siècle avant J.-C. et le IVe après J.-C. L'un d'eux a été identifié comme la villa de Licinius Sura, expert hydraulicien et ami de Tibère. Tous les immeubles du quartier durent d'ailleurs laisser place aux systèmes d'alimentation hydraulique, de nombreux aqueducs notamment, tels que l'aquæductus Celimontanus dont on voit encore les arcades intégrées aux immeubles de la place. Sur les passerelles construites pour permettre de visiter le secteur, on peut non seulement admirer de magnifiques pavements de marbre, mais aussi les restes de fontaines et de systèmes de drainage des jardins, ainsi que des conduits d'évacuation des eaux. Lors des fouilles, on découvrit enfin un énorme réservoir circulaire de quatre bassins, construit à une époque plus tardive, et rempli d'ossements humains provenant sans doute de l'hôpital, qui existait déjà pendant l'épidémie de peste de 1348.

■ Tél. : 06 77053011
Visites sur réservation
Entrée : participation libre

Les triples enceintes du cloître de San Giovanni in Laterano

2 Cloître de San Giovanni in Laterano

Le superbe cloître de San Giovanni in Laterano, conçu par Vassalletto au XIIIe siècle, possède trois curieuses et discrètes inscriptions en son sein. Juste à l'entrée à droite se trouve la première de ces trois marques connues par certains sous le nom de « triples enceintes ».
Deux autres triples enceintes existent dans le cloître, tracées cette fois-ci verticalement sur les murs d'enceinte du cloître. Les interprétations au sujet de ces inscriptions sont nombreuses.

> On trouve quatre endroits à Rome où sont représentées des triples enceintes : les basiliques des Santi Quattro Coronati, San Giovanni in Laterano, San Paulo Fuori le Mura, San Lorenzo Fuori le Mura.

Jeu du filet ou triple enceinte ésotérique ?

Dans de nombreux endroits en Europe et même en Chine et au Sri Lanka, on retrouve la même inscription, composée de trois carrés imbriqués, traversés par quatre lignes qui s'arrêtent au carré central.

Si certains y voient tout simplement un jeu appelé « jeu du filet », d'autres remarquent que cette inscription a été également retrouvée gravée sur un mur vertical ou dans des dimensions réduites qui empêchent d'avoir pu s'en servir de base pour un jeu. La triple enceinte serait donc un symbole ésotérique qui représenterait, dans le cadre d'une recherche spirituelle, les trois grades du chemin des initiés vers le but final, à travers les trois mondes physique, intellectuel et spirituel ou divin. Elle représenterait aussi la Jérusalem céleste et ses douze portes (trois par côté de l'enceinte). Utilisée par les Templiers pour marquer l'emplacement des lieux géographiques sacrés ou lieux de concentration particulière d'énergie physique et spirituelle, la triple enceinte apparaît parfois aussi sous une forme circulaire. Le cercle correspondrait au début du chemin alors que le carré signifierait l'aboutissement de la recherche, d'où l'expression « la quadrature du cercle ». Le jeu du filet ou jeu du moulin ou encore jeu de la marelle assise se pratique depuis l'Antiquité (Rome, Grèce, Égypte).

Dans la figure qui structure le jeu se trouvent vingt-quatre emplacements où poser les neuf pions dont chacun des deux joueurs dispose. Le but est de composer une ligne de trois pions appartenant au même joueur. On utilisait parfois de simples cailloux de couleurs différentes.

■ Tél. : 06 77207991

Visite privée du Sancta Sanctorum

3 Piazza san Giovanni in Laterano

N·EST·IN·TOTO·SANCTIOR·ORBE·LOC

Contrairement à une croyance répandue, le pape n'est pas le seul à être autorisé à pénétrer au cœur du Sancta Sanctorum. Sur réservation, le grand public peut visiter ce lieu, décrit comme l'un des lieux les plus sacrés du monde chrétien, comme l'indique la phrase latine qui figure sous la fresque principale : *Non est in toto sanctior orbe locus* (« Il n'existe pas au monde de lieu plus saint »).

Dans l'ancien temple de Salomon à Jérusalem, le nom de Sancta Sanctorum désignait le lieu le plus sacré du temple. Il hébergeait le trésor du temple ainsi que la mythique arche d'alliance qui contenait les Tables de la Loi de Moïse, la verge d'Aaron et le vase qui recueillit la manne céleste (voir ci-après). Selon la tradition, seul le grand prêtre, une fois par an, avait accès au Saint des Saints. Aujourd'hui chapelle privée des papes, le lieu ne fut longtemps accessible qu'aux papes et à quelques rares privilégiés. Dédiée à saint Laurent, la chapelle fut construite par le pape Nicolas III en 1278. Elle conserve de nombreuses reliques dont une image miraculeuse, dite achéropoiète (voir page 289), du Christ. Selon la tradition, elle aurait été peinte par saint Luc lui-même, avec l'aide d'un ange. Au Moyen Âge, on portait l'image en procession pour conjurer la peste et les autres maladies. Afin d'éviter qu'elle ne s'abîme, on la recouvrit d'une couche d'or munie d'une ouverture devant le visage et de petites portes devant les mains, les pieds et le flanc que l'on ouvrait à Pâques pour l'adoration des cinq plaies de la passion du Christ. Aux siècles suivants, l'image du Christ fut endommagée et elle fut remplacée par la copie que l'on voit aujourd'hui.

■ Tél. : 06 7726641 (uniquement en italien) • www.sigstars.net

L'arche d'alliance est-elle bien en Éthiopie ?

Selon plusieurs sources, l'arche d'alliance existerait probablement toujours. Dans son livre *Le Mystère de l'arche perdue*, Graham Hancock raconte ainsi sa quête à la recherche de l'arche mythique. Après les invasions de Jérusalem au VIe siècle avant J.-C., celle-ci aurait été emportée à travers le Sinaï et le long du Nil jusqu'en Éthiopie où elle se trouverait encore aujourd'hui, à Axoum. Grâce à son rayonnement quasi magique, sa présence expliquerait notamment que ce pays est l'un des très rares pays au monde à ne jamais avoir été colonisé entièrement.

La relique du prépuce du Christ

Selon la tradition juive, Jésus a été circoncis huit jours après sa naissance.

À une époque où la chrétienté se disputait les reliques, nombreuses furent les reliques fantaisistes qui virent le jour (voir pages 284 à 287), dont celle du prépuce du Christ. Elle est très probablement, comme beaucoup d'autres, inventée et par ailleurs non reconnue par l'Église.

À l'abbaye de Coulombs, en France, une croyance locale prêtait au saint prépuce le pouvoir d'apporter la fécondité aux femmes stériles et un accouchement sans difficulté aux femmes enceintes. C'est ainsi que Catherine de Valois, femme du roi Henri V d'Angleterre, fit venir à elle la relique en 1421 pour s'assurer un bon accouchement. Au Moyen Âge, il y eut jusqu'à quinze saints prépuces différents en Europe, même si celui de Rome est le plus réputé. Il aurait été offert en cadeau de mariage par l'impératrice de Byzance, Irène l'Athénienne, et placé dans le Sancta Sanctorum du Latran par le pape. Plusieurs exemplaires ayant été détruits à la Révolution française, trois autres lieux, sur les quinze d'origine, posséderaient aussi le saint prépuce : Anvers en Belgique, ainsi que Conques et Vebret (Auvergne) en France.

■ Tél. : 06 70494489

Plus fort que le saint prépuce, le saint ombilic du Christ !

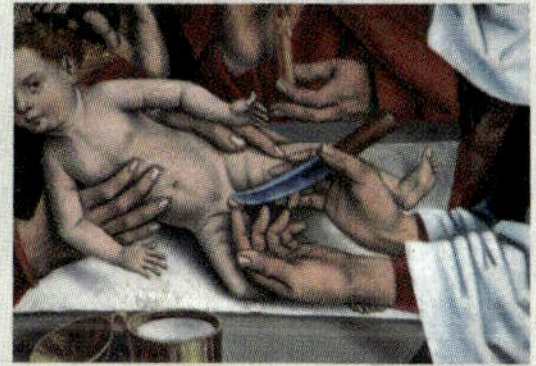

Au plus fort de la bataille pour les reliques (voir pages 290 à 294), une relique fantastique fut inventée par des marchands sans scrupule, celle du saint ombilic, qui serait la relique du cordon ombilical de Jésus. Celui-ci serait aujourd'hui conservé également à San Giovanni in Laterano et un autre petit morceau à Santa Maria del Popolo. Notons qu'un autre saint ombilic se serait trouvé à Châlons-en-Champagne, en France, jusqu'en 1707, date à laquelle il fut détruit par l'évêque du lieu qui avait jugé que la relique était un faux. La ville l'aurait recupérée grâce à Charlemagne qui l'aurait lui-même reçue de l'empereur de Byzance. Il l'aurait donnée à un pape, dont un successeur, probablement le Français Clément V, en aurait donné une partie à l'évêque de Châlons.

Le jeu du cloître de la basilique des Santi Quattro Coronati

5 Via dei Santi Quattro Coronati

Méconnue du grand public, la basilique des Santi Quattro Coronati est pourtant l'un des édifices religieux de Rome les plus charmants et romantiques. Le cloître, conçu au XIIIe siècle, est une merveille de beauté, de douceur et de légèreté, qu'accentuent la galerie du deuxième étage et les doubles colonnes qui le soutiennent.

Juste à l'entrée du cloître, sur le petit muret coincé entre deux séries de colonnes, quinze lignes parallèles sont gravées dans la pierre, au milieu desquelles apparaissent des signes que l'on peut interpréter comme étant des chiffres romains. Si certains y ont vu une antique règle de calcul ou un abaque, d'autres y voient un jeu ancien qui se rapprocherait d'une sorte de jeu de l'oie ou de jeu de dés, dans lequel on marque le moins de points au plus proche des deux colonnes. Quasiment à l'opposé de ce jeu, de l'autre côté du cloître, d'autres inscriptions sont également sujettes à diverses interprétations. Jeu du filet ou symbole ésotérique de la triple enceinte, les deux explications ont leurs partisans. La même inscription est également gravée une deuxième fois dans le cloître mais elle est quasiment effacée.

Pour plus d'informations sur les triples enceintes, voir page 418.

■ Accès : métro ligne B, station Colosseo

Les insultes de la basilique San Clemente

6 Piazza San Clemente

Dans la basilique inférieure de San Clemente (au premier sous-sol), des fresques du XIe siècle représentant saint Clément en train de célébrer une messe cachent en bas à droite un épisode méconnu de la vie du saint.
Teodora, la femme de Sisinnio, qui a été convertie par saint Clément, commence à fréquenter des chrétiens. Son mari, qui ne se doute pas de sa foi nouvelle, prend ses absences fréquentes pour des marques d'infidélité et se décide à la suivre pour découvrir le pot aux roses, alors que Teodora se rend simplement à la messe.
Pendant la célébration, par intervention divine, le mari jaloux devient sourd et aveugle. Teodora implore alors saint Clément de le guérir et celui-ci, priant Dieu, guérit le mari qui, le prenant pour un magicien, imagine que le saint a ensorcelé sa femme pour mieux profiter d'elle. Il ordonne donc à ses domestiques de se saisir de lui et de l'emporter.
Pour la deuxième fois, un miracle se produit, et les domestiques se rendent compte qu'au lieu d'avoir ligoté le saint, ils ont simplement entouré de liens une lourde colonne.
La fresque décrit le moment précis où Sisinnio, à droite, en toge, exaspéré, crie « *Fili de le pute, trahite !* » (« Fils de pute, tirez plus fort ! »), insulte qui est

nettement visible sur la fresque. L'un des serviteurs, Gosmarius, répète l'ordre à un autre domestique, Albertel : « *Albertel, trahi.* » Lui-même demande de l'aide à un troisième larron : « *Falite dereto col lo palo, Carvoncel, fagliti dietro col palo, Carvoncello* », tel qu'il est encore inscrit sur la fresque, en bas à gauche.

Pendant ce temps, Clément est à l'écart, sain et sauf, et commente la scène, en latin : « *Duritiam cordis vestri saxa trahere meruisti* » (« Vous avez mérité de porter des pierres en raison de la dureté de votre cœur »).

■ Accès : métro ligne B, station Colosseo

La légende de la papesse Jeanne

À l'angle de la Via SS. Quattro et de la Via dei Querceti, un oratoire renferme une peinture très abîmée que l'on a souvent interprétée comme un souvenir de l'accouchement scandaleux, en pleine rue, de la légendaire papesse Jeanne. Il s'agirait en réalité simplement d'une Vierge à l'enfant.

C'est sans doute à la tradition populaire qu'il faut attribuer la légende de la papesse Jeanne. Cette satire contre le pape remonte au IXe siècle et eut un immense succès au cours des XIIIe et XIVe siècles, même si elle est quasiment oubliée aujourd'hui.

On raconte qu'après la mort de Léon IV, un jeune homme originaire de Mayence fut élu pape sous le nom de Jean VII et qu'il aurait exercé son pontificat de 853 à 855 (Léon IV régna en réalité jusqu'à sa mort, en 855, et Benoît III lui succéda quelques semaines plus tard). Le jeune homme en question était en fait une jeune fille qui venait d'arriver à Rome déguisée en homme, après avoir étudié à Athènes. Elle excellait dans toutes les matières littéraires et scientifiques au point de jouir de l'estime d'un grand nombre d'intellectuels. Sans quitter son travestissement, elle s'entoura bientôt de disciples et devint si célèbre qu'elle fut élue pape. Luttant à grand-peine contre sa nature, la jeune femme s'enticha cependant d'un joli diacre, qui fut tout d'abord agacé par les égards qu'elle lui témoignait. Mais son agacement cessa dès qu'il se rendit compte que le pape était en réalité une jeune et belle papesse. Les deux ecclésiastiques ne tardèrent pas à devenir amants et, événement unique dans l'histoire de l'Église, le pape tomba enceinte.

La légende assure encore qu'un jour, sur le chemin qui relie le Latran à la basilique Saint-Pierre,

la papesse perdit les eaux et accoucha dans la rue, à proximité de l'église Saint-Clément. On marqua l'endroit avec une dalle de pierre, et la rue, aujourd'hui disparue, prit dès lors le nom de Vico della Papessa.

Le nom de la papesse n'apparaîtrait plus de nos jours dans dans la liste des souverains pontifes, de façon à effacer le souvenir de cet incident honteux. Toujours selon la légende, on stipula que lors de la cérémonie d'intronisation du pape, deux diacres devraient dorénavant vérifier le sexe du nouvel élu en l'asseyant sur une chaise percée afin de contrôler ses attributs, et qu'ils déclareraient, après vérification : « *Habet duos testiculos et bene pendentes* » (« Il a deux testicules bien pendus »). Le fait a été toutefois discrédité par l'existence de chaises « percées » dont la facture remonte à des époques bien antérieures à l'élection de la papesse.

L'Église démentit officiellement la légende en 1570, mais l'on raconte que jusqu'à cette date les processions pascales évitaient soigneusement le Vico della Papessa. En réalité, ces processions ne s'étaient jamais engagées dans cette rue.

La trace du genou de saint Pierre

Église Santa Francesca Romana

7 Piazza Santa Francesca Romana

D**eux dalles de pierre** que l'usure a creusées en leur milieu, sont encastrées dans la paroi droite du transept de l'église dédiée à sainte Françoise Romaine (Santa Maria Nova à l'origine), comme on peut le voir en montant les deux rampes d'escalier qui flanquent la crypte.
Selon la tradition, il s'agirait des empreintes que les genoux de saint Pierre (ou de saint Pierre et de saint Paul, d'après d'autres sources) auraient laissées en priant Dieu d'intervenir contre Simon le Magicien : celui-ci s'était élevé dans l'espace au-dessus du Forum afin de démontrer sa supériorité aux deux apôtres. La prière s'avéra efficace puisque l'hérétique tomba par terre et mourut sur le coup.
Les documents qui témoignent de la vie de Simon le Magicien ont rarement été reconnus officiellement, car ils ne concordent pas toujours et dérivent en grande partie de textes apocryphes, mais selon la légende la plus répandue, Simon était un magicien originaire d'un petit village de Samarie. Après avoir entendu les enseignements chrétiens, il décida de se faire baptiser, ce qui ne l'aurait pas empêché d'essayer de soudoyer saint Pierre pour obtenir le privilège d'administrer le Saint-Esprit grâce à l'imposition des mains.

La bénédiction des automobilistes

Chaque année, le 9 mars, de très nombreux fidèles se rassemblent à bord de leur voiture dans la Via dei Fori Imperiali et sur la place du Colisée, s'évertuant à se garer le plus près possible de l'église pour recevoir la bénédiction solennelle accordée au nom de sainte Françoise Romaine. Cette riche et noble dame vécut à Rome jusqu'à sa mort en 1440. Elle devait sa célébrité à sa générosité, ayant consacré sa vie à aider les pauvres et les malades. C'est en 1425 qu'elle fonda la congrégation des Oblats olivetains de la tour de'Specchi (voir page 148). Elle fut sanctifiée en 1608 et proclamée sainte patronne des automobilistes en 1925.

> Il semble que les automobilistes aient demandé la protection de sainte Françoise Romaine parce qu'un ange gardien l'accompagna tout au long de sa vie tout en protégeant son « chemin ».

- Tél. : 06 6795528

La table de l'oratoire de Santa Barbara

8 Piazza di San Gregorio

Le mur d'enceinte du bel escalier qui mène à l'église San Gregorio al Celio est interrompu à mi-chemin, sur la gauche, par un portail. Pour peu qu'on le franchisse et qu'on monte quelques marches, on accède à un emplacement où se dressent trois édifices : l'oratoire de Santa Barbara, l'oratoire de Sant'Andrea et de celui de Santa Silvia.

On raconte que l'oratoire de Santa Barbara était l'ancienne résidence du pape saint Grégoire le Grand (590-604) et que le souverain pontife y avait installé une grande table de marbre sur laquelle il offrait quotidiennement un repas à douze pauvres. Un jour, un treizième convive se présenta à la table. Il s'agissait en réalité d'un ange qui avait pris l'apparence d'un pauvre et Grégoire décida de le nourrir également. On ne manqua pas de voir dans ce personnage la figure du traître Judas, le treizième convive de la Cène, et d'interpréter l'invitation de Grégoire comme une exhortation à aimer et à pardonner même à ceux qui nous trahissent. D'où la tradition, qui se perpétua jusqu'en 1870, de réunir treize hôtes au repas offert par le pape tous les jeudis saints, afin de symboliser le pardon du traître. La superstition populaire, selon laquelle il vaut mieux éviter d'être treize à table, n'en est pas moins restée vivante jusqu'à nos jours.

Ce très vieil oratoire comporte les ruines d'un édifice romain du IIIe siècle. Il fut restauré à l'initiative du cardinal Baronio entre 1602 et 1603. Une statue de marbre représentant saint Grégoire le Grand bénissant, œuvre de Nicolas Cordier, figure dans une niche. Les murs sont ornés d'une série de fresques attribuées à Antonio Viviani et réalisées de 1603 à 1604, avec des épisodes de la vie du souverain pontife.

Ce que l'on remarque le plus, au centre de la salle, c'est bien entendu la grande table, celle-là même où mangeaient les douze pauvres. Cette table massive, en marbre blanc, soutenue par deux grands griffons de pierre avec un palmier au milieu, est datée du IIIe siècle de notre ère. On peut y lire une inscription qui rappelle le miracle de l'ange : « *Bissenos hoc Gregorius pascebat egentes – Angelus et decimus tertius accubuit* » (« Ici saint Grégoire nourrissait douze pauvres – et un ange se joignit à eux comme treizième convive »).

L'origine du mot « grotesque »

Quand Néron mourut en 68 après J.-C., ses successeurs voulurent effacer jusqu'aux dernières traces de son prodigieux palais sur l'Esquilin, la célèbre Domus Aurea. Les salons étincelants d'or et de pierres précieuses, ornés de fresques, de sculptures de marbre et de stucs polychromes, furent pillés puis ensevelis jusqu'aux plafonds pour tenir lieu de fondations aux imposants thermes de Titus et de Trajan. L'étang qui occupait la vallée située au-dessous fut asséché pour la construction du Colisée.

Les somptueuses fresques de la Domus Aurea restèrent ainsi cachées jusqu'à ce qu'on les redécouvre en 1480, d'une manière tout à fait fortuite, semble-t-il.

La légende prétend qu'un jeune Romain serait tombé dans une faille qui s'était ouverte sur la colline Oppio, avant de se retrouver dans une espèce d'antre aux murs recouverts de figures peintes. La nouvelle ne tarda pas à se répandre et les grands artistes de l'époque passionnés d'art antique, tels que Pinturicchio, Ghirlandaio, Raphaël, Giovanni da Udine, Filippino Lippi et Giulio Romano, décidèrent de se laisser glisser dans ces anfractuosités (on crut d'abord qu'il s'agissait de grottes) pour copier les étonnantes décorations dont les voûtes étaient recouvertes. C'est la raison pour laquelle les décorations de la Domus Aurea et toutes celles qui s'en inspirèrent au cours des siècles suivants (elles furent très en vogue tout au long du XVIe siècle) furent qualifiées de « grotesques ».

Les grotesques de la Domus Aurea ont malheureusement presque toutes disparu. Leur redécouverte causa en effet de graves dommages aux peintures et aux stucs qui, au contact de l'air et de l'humidité, se décolorèrent en très peu de temps. Les vestiges de la Domus Aurea

furent vite oubliés et on ne reprit les fouilles qu'à la fin du XVIIIe siècle, après la découverte des fresques de Pompéi.
Ce genre pictural ne faisait pourtant pas l'unanimité. On le taxa souvent de scabreux et de ridicule à cause de ses frêles silhouettes hautes en couleur et peintes d'une manière calligraphique sur un arrière-plan monochrome et dépourvu de perspective – hybrides un peu monstrueux aux effets naturalistes dans un cadre géométrique.
Avec le temps, ces critiques finirent par donner au mot « grotesque » le sens d'insolite et de bizarre, puis de caricatural et d'extravagant.

> Un des artistes qui dessina de nombreuses grotesques fut surnommé « Morto » da Feltre parce qu'il avait passé plus de temps sous terre qu'à la surface pour copier ces étranges motifs ornementaux.

La première décoration grotesque connue de la Renaissance

L'église Santa Maria del Popolo abrite, dans la première chapelle à droite, en entrant par l'entrée principale, un superbe tableau du Pintoricchio. De chaque côté, les décorations qui sont peintes constituent la première représentation de figures « grotesques », suite à la découverte de la Domus Aurea.

Le sanctuaire mithriaque du cirque Maxime

9 **Piazza della Bocca della Verità, 16**

Au début des années 1930, au cours des travaux de restructuration de l'édifice qui donne sur le côté nord-ouest du cirque Maxime, on découvrit, à une profondeur de 14 mètres au-dessous du niveau actuel de la chaussée, les vestiges d'un vaste immeuble en briques du IIe siècle après J.-C. Sa localisation a pu faire penser à un bâtiment public en rapport avec le cirque voisin. Cette hypothèse est confirmée par la présence d'un majestueux escalier permettant d'accéder à un étage supérieur, escalier qui fut ajouté dans un second temps.

Au IIIe siècle après J.-C., certaines

pièces du rez-de-chaussée furent aménagées pour recevoir un des plus grands sanctuaires mithriaques connus à Rome (voir page 454).

On y accède par une entrée secondaire et un vestibule à la droite duquel s'ouvre une chambre de service. Un grand arc en briques sépare cette pièce du sanctuaire en tant que tel, dont les côtés sont occupés par des comptoirs en maçonnerie réservés aux fidèles. Sur le mur du fond, une niche en demi-cercle abritait sans doute la statue du dieu. Le sol est pavé de plaques de marbre de récupération alors qu'au centre du sanctuaire se dresse une pierre circulaire en albâtre aux dimensions remarquables. La scène est complétée par un étonnant relief sculpté en marbre blanc représentant Mithra en train d'immoler un taureau entouré des deux *dadofori* (porteurs de flambeaux), Cautes et Cautopates, du Soleil, de la Lune, du corbeau, du scorpion, du chien et du serpent.

■ Visites sur demande à la direction municipale des Beaux-Arts (Sovraintendenza Comunale) au 06 0608, ou bien par l'intermédiaire des nombreuses associations culturelles, dont Roma Sotterranea (www.romasotterranea.it)

Les autres sanctuaires mithriaques de Rome

Le sanctuaire de Santa Prisca comporte d'importantes peintures, une splendide effigie du dieu Sol (le soleil) en *opus sectile* (composition de fragments de marbre) et, dans la niche du mur du fond, l'image de Mithra, exceptionnellement nu, en train de tuer le taureau, avec de surcroît un Saturne allongé constitué d'amphores recouvertes de stucs.

- Via di Santa Prisca, 13
  Renseignements et réservations auprès de Pierreci au 06 39967700

Le sanctuaire de San Clemente est situé au niveau le plus bas des sous-sols de l'église du même nom. La salle est de petites dimensions et munie d'un autel central sculpté sur les quatre côtés. La voûte, décorée d'étoiles en stuc, est percée de onze ouvertures : les ouvertures circulaires les plus grandes représentent sans doute les sept planètes du système solaire que l'on connaissait alors et qu'il faut associer aux sept stades d'initiation, tandis que les quatre ouvertures rectangulaires les

plus petites figurent les saisons. Au fond de la salle, une niche abrite une petite statue de Mithra en train de naître de la roche.

■ Via Labicana, 95

Le sanctuaire du parc du palais Barberini est unique parce qu'on y découvre dix petits tableaux illustrant les moments les plus significatifs de la vie de Mithra. Ces tableaux encadrent une grande peinture de la tauroctonie et des douze signes du zodiaque.

Le sanctuaire des thermes de Caracalla est le plus grand de Rome que l'on connaisse. Recouverte de grandes voûtes en berceau, la salle principale mesure 23 mètres sur 10. Au centre, on remarquera une fosse où s'achève un conduit souterrain. On a voulu y voir la *fossa sanguinis* du sanctuaire, c'est-à-dire l'endroit où l'adepte s'allongeait lors du rite d'initiation afin d'être inondé du sang du taureau qu'on sacrifiait dans la salle du dessus. Cette hypothèse est toutefois douteuse étant donné les difficultés objectives qu'il aurait fallu surmonter pour sacrifier un animal aussi imposant dans des pièces souvent exiguës et difficiles à rejoindre. Ce sanctuaire mithriaque a conservé son pavement de mosaïque blanc encadré d'une bande de tesselles noires.

Le sanctuaire du sous-sol de l'église Santo Stefano Rotondo est encore orné de quelques fresques où figurent le Soleil et la Lune.

Le sanctuaire de la Via Giovanni Lanza mesure moins de six mètres carrés. Il s'agissait sans doute d'un lieu à usage privé. Il était miraculeusement intact quand on en fit la découverte ; les ornements en relief, l'autel, les lampes à huile et les vases antiques étaient même à leur place d'origine.

■ Les sanctuaires du parc du palais Barberini, des thermes de Caracalla, de Santo Stefano Rotondo et de la Via Giovanni Lanza ne peuvent être visités que par l'intermédiaire des nombreuses associations culturelles, dont Roma Sotterranea (www.romasotterranea.it)

Le mithraïsme – un fascinant culte antique pour initiés

Le mithraïsme est un culte religieux dont la figure centrale est Mithra, dieu d'origine iranienne.

Enfanté par une roche, Mithra naît nu, armé d'un couteau, avec un flambeau à la main et un bonnet phrygien sur la tête. Après avoir vaincu le soleil, il signe un pacte avec son ancien ennemi et se voit remettre la couronne rayonnante, devenue son attribut. Poursuivant le mal qu'il combat inlassablement, Mithra, aidé par son chien, capture un taureau, symbole des forces impétueuses et animales qu'il faut arriver à maîtriser, et le tue. De la moelle du taureau naît alors miraculeusement le blé et de son sang, la vigne, comme s'il fallait mourir à soi-même pour renaître à la vie... Ahriman, dieu du mal, ne s'avoue pourtant pas vaincu : il envoie un scorpion et un serpent, en vain. Mithra et le soleil fêtent alors la victoire lors d'une agape, dont le mot est resté dans le vocabulaire actuel.

Le culte de Mithra s'est surtout déroulé dans des caves et des grottes, non pas pour des raisons de lien avec les ténèbres, comme certains détracteurs l'ont prétendu, mais plutôt en raison du fait que la caverne était un symbole du cosmos, vers lequel on essayait de tendre pendant les cérémonies.

Mithra était flanqué de deux porteurs de flambeaux : Cautes et Cautopates, avec lesquels il formait une triade (ou trinité). Le premier portait un flambeau allumé qui représentait le jour, alors que le second portait un flambeau éteint, tourné vers le sol, symbole de la nuit. Ces deux personnages n'étaient que des représentations du même Mithra.

L'idée du voyage de l'âme à travers le cosmos est centrale : on avançait sur ce chemin par 7 étapes, liées aux 7 planètes, aux 7 jours de la semaine, à 7 métaux et aux 7 états de l'âme dont il fallait progressivement se séparer.

Le culte est évidemment un moyen de suivre cette voie et de se libérer progressivement des passions. Le banquet, ou agape, à base de pain et de vin, rappelle évidemment l'eucharistie et le sacrifice du taureau duquel naît la vie évoque étrangement la crucifixion et la résurrection...

Diffusé en Occident à partir du Ier siècle avant J.-C., le mithraïsme connaîtra son apogée au IIIe siècle après J.-C., avant d'être supplanté par le christianisme.

Quand Noël doit sa date du 25 décembre au solstice d'hiver et au mithraïsme...

Contrairement à une croyance largement répandue, aucun texte chrétien n'affirme que Jésus soit né dans la nuit du 24 au 25 décembre. La date du 25 décembre pour célébrer Noël a été fixée en 354 par le pape Libère pour lutter contre les cultes païens romains et surtout le mithraïsme, qui fêtait le 25 décembre, date du solstice d'hiver, la naissance de son dieu Mithra (le solstice d'hiver, avant la réforme du calendrier grégorien, et c'est d'ailleurs une raison de sa création, n'était pas fixe et ne tombait pas toujours le 21 décembre).

La récupération de cette date par l'Église permettait en outre de développer un très beau symbole : à l'époque de l'année où les jours étaient les plus courts et la nuit régnait en maître, la naissance du Christ le même jour était un formidable symbole du jour qui se lève à nouveau, de la lumière qui brille enfin, chassant les ténèbres et annonçant déjà la résurrection.

Avant cette date, les chrétiens fêtaient la naissance du Christ le 6 janvier, le même jour que l'adoration des mages. Seule l'Église apostolique arménienne célèbre encore Noël à cette date, les églises orthodoxes qui fêtent Noël à une date différente du 25 décembre fêtant en réalité Noël le 25 décembre mais selon le calendrier julien, donc avec un décalage.

Notons par la même occasion que Jésus, selon la tradition, n'est pas né en l'an 0 mais plutôt en - 5 ou - 7...

La collection privée d'Enrico Sturani

10 Via del Cerdello, 14

POSTKARTE
TE POSTALE
CARTOLINA

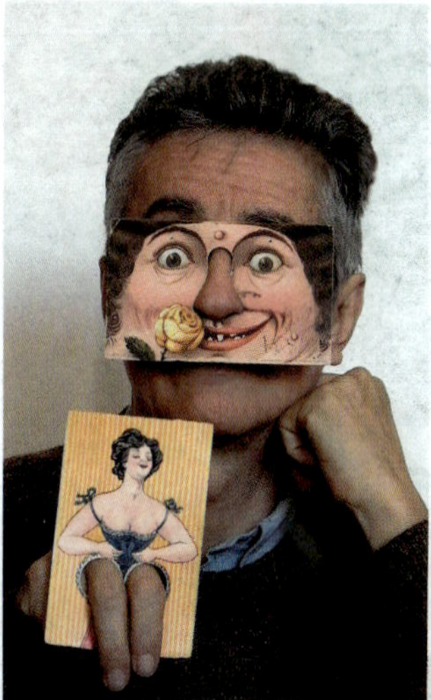

Propriétaire d'une collection singulière et fascinante, Enrico Sturani ouvre chaleureusement ses portes aux plus curieux, leur permettant ainsi de découvrir l'univers méconnu des cartes postales.

Auteur de manuels scolaires de géographie, cet homme cultivé à la personnalité originale conserve dans son appartement, à quelques pas du Colisée, une exceptionnelle collection de cartes postales. Forte d'environ 140 000 pièces, celle-ci occupe des étagères dans absolument toutes les pièces. M. Sturani, sur demande, se fera un plaisir de vous montrer ses plus belles cartes qui remontent du début du XXe siècle jusqu'à nos jours.

Il est pratiquement impossible de trouver un sujet, une année du siècle dernier ou un lieu qui aient échappé à ce collectionneur passionné. Des cartes de guerre aux cartes pornographiques, des cartes politiques à celles dédiées aux amoureux, des cartes sur les animaux à celles représentant de jolis bambins, les surréalistes ou les futuristes, elles deviennent toutes passionnantes grâce aux explications d'Enrico et sont un moyen surprenant pour comprendre la mentalité, la culture, les goûts et la psychologie des hommes du siècle dernier.

■ Tél. : 06 486970
Accès : métro ligne B, station Cavour ou Colosseo
Réservation par téléphone obligatoire

Adossée aux flancs du Colle Oppio, la basilique Saint-Martin-des-Monts conserve dans ses souterrains une des constructions les plus intéressantes de la Rome paléochrétienne.

Depuis que les fouilles ont été entreprises en 1637, on y a découvert une série de salles dont l'usage demeure incertain, tout au moins à l'origine, à cause des nombreuses transformations qu'elles ont subies au fil des siècles.

À l'extérieur, le long de la via Equizia, la dénivellation entre l'abside et la façade est compensée par un mur massif composé de blocs de tuf provenant peut-être des remparts dits « Mura Serviane ».

Une fois dans l'église, on parcourt la nef centrale jusqu'à un escalier qui descend dans une crypte baroque sous l'autel principal. De là, par une porte sur la gauche, on découvre un autre escalier qui permet d'accéder à une grande salle rectangulaire en briques de 14 mètres sur 17, divisée en trois nefs par six piliers. Le revêtement est encore d'origine, avec des voûtes à croisillons renforcées par des joints en béton. Cette construction, qui remonte au IIIe siècle après J.-C., faisait partie des thermes voisins de Trajan. Par la suite, elle fut sans doute utilisée à des fins commerciales dans le genre d'un marché couvert ou d'un entrepôt. Certains érudits y voient plutôt les vestiges d'une riche *domus*. À partir de la fin du IIIe siècle, on suppose que cet endroit devint progressivement un des lieux de rencontre des premiers chrétiens.

Ce fut Sylvestre Ier (pape de 314 à 335) qui fonda le *Titulus Equitii* en réaménageant l'espace selon les exigences du rite chrétien pour les réunions des communautés de ce quartier de Rome.

Cette salle devint vite un lieu de rencontre de première importance pour l'église chrétienne : c'est en effet là qu'eurent lieu les synodes de 499 et 595.

Au IXe siècle, on construisit l'église qui se dresse au-dessus, tout en restaurant et en améliorant les salles. C'est à cette période que remontent certains pans de peinture encore visibles sur les voûtes : scènes de saints entourés de la Vierge et de Jésus, dont les postures et les vêtements aux couleurs éclatantes sont caractéristiques de l'art byzantin.

Des fragments de mosaïques sont encore visibles sur le pavage noir et blanc, lequel semble dater, comme les motifs ornementaux de certaines fresques, du début du IIIe siècle, époque où l'endroit avait encore une fonction commerciale. Une seconde rampe d'escalier conduit à d'autres pièces souterraines hélas complètement ensevelies.

■ Visites sur réservation par l'intermédiaire de l'Association culturelle Roma Sotterranea (www.romasotterranea.it)

QUIRINALE - TERMINI
MONTI - ESQUILINO

STAZIONE CENTRALE ROMA TERMINI
TERME DI DIOCLEZIANO
S. MARIA D. ANGELI
AULA OTTOGONA
MINISTERO DEL TESORO E DEL BILANCIO
MINISTERO D. DIFESA ESERCITO
MIN. D. AGRIC. E D. FORESTE
MIN. D. LAVORO
MIN. INDUSTRIA COMMERCIO ARTIGIANATO
MINISTERO AMBIENTE
PALAZZO BARBERINI
PALAZZO DEL QUIRINALE
PRESIDENZA D. REPUBBLICA
S. CARLO ALLE QUATTRO FONTANE
S. ANDREA AL QUIRINALE
SAN VITALE
TEATRO DELL' OPERA
TEATRO DELLE ARTI
PAL. MASSIMO
S. SUSANNA
S. MARIA D. VITTORIA
S. BERNARDO ALLE TERME
S. MARIA D. CONCEZIONE
S. ISIDORO
S. CAMILLO
S. PATRIZIO
S. CUORE DI GESÙ
SACRO CUORE
Piazza della Repubblica
Piazza dei Cinquecento
Piazza Barberini
Piazza d. Indipendenza
Piazza d. Finanze
Piazza Sallustio
Piazza S. Bernardo
Largo S. Susanna
VIA VITTORIO VENETO
VIA L. BISSOLATI
VIA XX SETTEMBRE
Via Nazionale
Via Torino
Via Barberini
Via Boncompagni
Via Ludovisi
Via Cernaia
Via V. E. Orlando
Via Solferino
Viale E. De Nicola
Traforo Umberto I
QUIRINALE
BARBERINI
REPUBBLICA
TERMINI
C.I.T.
ACI
CAR
POL
2
3
4

1
TEATRO ELISEO
S. SILVESTRO AL QUIRINALE
BANCA D'ITALIA
MINISTERO DELL' INTERNO
S. PUDENZIANA
Piazza d. Esquilino
VIA ESQUILINO
S. MARIA MAGGIORE
Piazza S. Maria Maggiore
S. LORENZO IN PANISPERNA
7
CAR
5
6
S. PRASSEDE
9
8
PORTA MAGICA
Piazza Vittorio Emanuele
VIA CARLO ALBERTO
Via Napoleone III
S. ALFONSO DE'LIGUORI
MERCATI TRAIANEI
FORO TRAIANO
SS. DOMENICO E SISTO
Largo Magnanapoli
CAVOUR
Via Cavour
Via Giovanni Lanza
Via Statuto
Piazza S. Martino ai Monti
S. MARTINO AI MONTI
S. PIETRO IN VINCOLI
FACOLTÀ DI INGEGNERIA
CIRCNE 1^
PARCO
TEATRO BRANCACCIO
Via Merulana
Piazza Dante
FORO DI AUGUSTO
Via dei Fori Imperiali
LORENZO MIRANDA
FORO ROMANO
S. FRANCESCA ROMANA
PIAZZA DEL COLOSSEO
COLOSSEO
DOMUS AUREA
MONTE OPPIO
ESQUILINO
PARCO
Via Labicana
LATINO
ARCO DI

Le pavillon de l'Aurore

Palazzo Pallavicini-Rospigliosi

1 Via XXIV Maggio, 43

Installé dans les jardins de l'extraordinaire palais Pallavicini-Rospigliosi, le Casino dell'Aurora (« pavillon de l'Aurore ») est ouvert gratuitement au public le premier jour du mois. Édifié en 1610 sur les vestiges des thermes de Constantin, le palais hébergea également un temps le puissant cardinal Mazarin. Le pavillon, conçu en même temps que le jardin suspendu et que la fontaine en forme de demi-cercle sur les côtés opposés, est l'œuvre de Giovanni Vasanzio (nom italianisé de Jan Van Santen), ébéniste flamand qui devint l'assistant du célèbre architecte Flaminio Ponzio dès son arrivée à Rome.

Les deux étages du bâtiment sont visibles uniquement de l'extérieur, de la Via XXIV Maggio. Côté jardin, l'étage inférieur est enterré à cause du dénivelé qui existe entre la rue et le jardin. Comprenant un salon central flanqué de deux petites salles sur les deux étages, l'édifice est construit en forme de C qui, à partir de la fin du XVe siècle, devint la forme typique des pavillons de chasse et des villas. Le côté qui donne sur le jardin correspond au deuxième étage, destiné depuis toujours aux banquets et aux cérémonies de représentation. Sur le plafond du salon central, on peut admirer la célèbre fresque qui a donné son nom au pavillon, *L'Aurore* de Guido Reni, exécutée entre 1613 et 1614, l'une des œuvres les plus reproduites de l'histoire de l'art des quatre derniers siècles. La salle centrale regorge de bustes en marbre d'empereurs romains et de célèbres statues grecques du XVIIe siècle, telles que l'*Artémis chasseresse* et l'*Athéna Rospigliosi*.

■ Tél. : 06 83467000 • Visites privées payantes possibles

Une visite très privée : les salles latérales du pavillon de l'Aurore

Sur réservation (Mme Capaccioli au 06 83467000), on peut aussi visiter le pavillon en toute tranquillité mais surtout accéder également aux deux salles latérales, non accessibles pendant l'ouverture mensuelle au public. Celles-ci ont été peintes à fresque par Giovanni Baglione qui y a représenté le combat d'Armida et Passignano (*Rinaldo et Armida*). Les deux salles possèdent aussi deux tableaux de Guido Reni, *La Crucifixion* et *Andromède libérée par Persée*, ainsi que *La Mort de Julien l'Apostat* et *La Conversion de Saul* de Luca Giordano.

Le pavillon des Muses

Dans certains cas exceptionnels, il est également possible de visiter le pavillon des Muses qui fait partie du même palais. On y voit de très belles fresques d'Orazio Gentileschi et d'Agostino Tassi. (Seulement sur réservation auprès de Mme Capaccioli au 06 83467000.)

La statue de Stanislas Kostka

Église San Andrea al Quirinale

2 Via del Quirinale, 29

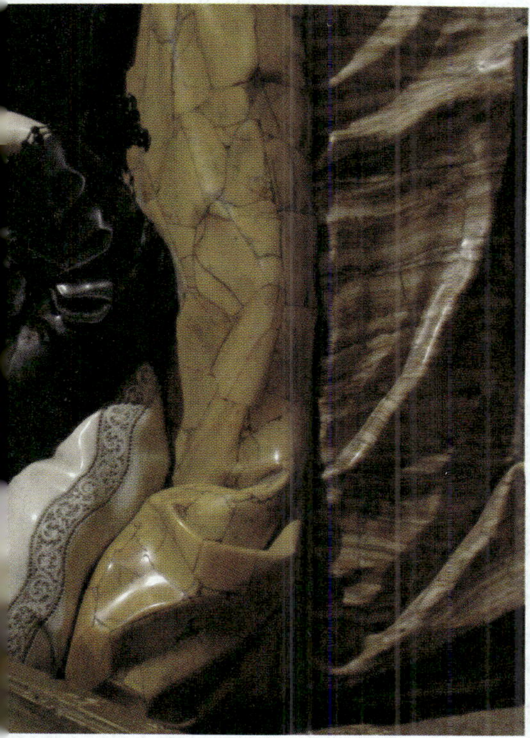

La plupart des visiteurs de San Andrea al Quirinale, en se limitant à la visite de l'église principale, ne se doutent pas qu'ils ratent la meilleure partie. Au fond à droite de l'église, un passage mène à un couloir où une personne est chargée de vendre les cartes postales et autres souvenirs : c'est là que se fait l'accès aux deux lieux les plus intéressants du bâtiment, mais encore faut-il le savoir, ces lieux étant traditionnellement fermés. C'est ainsi que sur simple demande l'on vous ouvrira l'accès à la superbe sacristie.

Riche d'un beau plafond peint à fresque, la pièce peut s'admirer grâce aux lumières que l'on allumera pour vous mais il est recommandé d'investir 50 centimes dans un éclairage complémentaire pour mieux en profiter. Également sur simple demande, et pour le prix modique de 1 euro, vous aurez accès, au premier étage du bâtiment (qui héberge le séminaire des Jésuites), aux salles qui abritent les reliques de saint Stanislas Kostka. Né en Pologne en 1550 et mort en 1568, à l'âge de 18 ans, Stanislas Kostka entra au noviciat des Jésuites à Rome à 16 ans, après

des études à Vienne. Contre l'avis de son père, il s'était enfui de chez lui en 1567, traversant toute l'Allemagne à pied. La seconde salle possède une sculpture tout à fait exceptionnelle, et méconnue, de Pierre II Legros, réalisée entre 1702 et 1703. On y voit de façon très spectaculaire, dans un superbe mélange de marbres polychromes, le saint allongé sur son lit de mort, dont le marbre rend parfaitement les moindres plis. La tunique en marbre noir qu'il porte est assez étonnante : ressemblant plus au manteau d'un dandy du XIXe siècle qu'à un habit religieux, il signifie que le saint n'avait pas encore été ordonné prêtre.

Curieusement, on remarque aussi que le tableau situé derrière le lit en marbre a été découpé : cette toile de Tommaso Minardi, qui représente l'accueil du saint par la Vierge, sainte Barbara, sainte Cécile et sainte Agnès, a été placée après la sculpture de Legros. Celle-ci arrivant jusqu'au mur, il a fallu prédécouper un morceau du cadre pour pouvoir insérer le tableau. La toile n'a pas un grand intérêt.

■ Tél. : 06 4744872

La méridienne de l'église Santa Maria degli Angeli

3 Piazza della Repubblica

Santa Maria degli Angeli est une basilique majestueuse érigée dans les thermes de Dioclétien d'après des dessins de Michel-Ange, d'abord, et de Vanvitelli, ensuite.

Sur le parterre de la basilique, face au tombeau du maréchal Diaz, on peut admirer une magnifique méridienne mesurant 45 mètres de long, que l'on dénomme également la ligne Clémentine puisqu'elle fut inaugurée par Clément XI le 6 octobre 1702. Piétinée pendant des siècles, cette remarquable construction en bronze et en marbre avait été considérablement détériorée, mais la restauration de 2000 lui a redonné toute sa splendeur.

Sa création remonte à 1700, quand, afin de vérifier la validité de la réforme grégorienne du calendrier, Clément XI demanda au mathématicien et astronome Francesco Bianchini de réaliser une méridienne monumentale qui indiquât l'équinoxe de printemps et qui puisse ainsi déterminer avec exactitude la date du jour de Pâques. Pâques, en effet, devait être célébré selon les règles données par les pères du concile de Nicée, à savoir le premier dimanche après la pleine lune qui suit l'équinoxe de printemps.

Il était donc extrêmement important de ne pas commettre d'erreurs qui auraient inévitablement déplacé les dates de toutes les autres fêtes religieuses mobiles.

Le long de la méridienne, des incrustations anciennes représentent les signes du zodiaque. Ceux-ci furent réalisés d'après les dessins de Maratta, en utilisant les images de l'*Uranometria Nova* de Bayer.

À droite de la ligne de la méridienne apparaissent les signes des constellations d'été et d'automne ; à gauche, les signes des constellations de printemps et d'hiver. Chaque jour de l'année, à midi, le soleil, qui entre dans l'église par le centre du blason héraldique de Clément XI, frappe la ligne en un point différent, du Cancer pendant le solstice d'été jusqu'au Capricorne pendant le solstice d'hiver.

■ Accès : métro ligne B, station Repubblica

Comment fonctionne une méridienne ?

Les méridiennes sont composées d'un petit trou en hauteur, par lequel passe le soleil, et d'une ligne exactement orientée selon l'axe nord-sud. Le trou est appelé trou gnomique (*gnomon* = « indicateur » en grec) et la lumière du soleil sur la ligne en question remplit exactement le rôle de l'ombre sur les cadrans solaires traditionnels.

Pour être efficace, le trou devait être situé le plus haut possible (d'où l'intérêt des cathédrales, voir l'encadré « Pourquoi les méridiennes ont-elles été installées dans des cathédrales ? ») et devait mesurer un millième de la hauteur à laquelle il était placé. Ce trou devait évidemment se trouver côté sud, afin de faire rentrer le rayon du soleil, situé au sud dans l'hémisphère Nord.

Puis la ligne méridienne part du point exactement à la verticale du trou, ce qui n'était pas toujours aisé à calculer il y a quelques siècles.

La longueur de la méridienne dépendait de la hauteur du trou et, dans certains cas, on ajoutait un obélisque en bout de course de la méridienne, quand le bâtiment qui l'hébergeait n'était pas assez long pour pouvoir tracer totalement la ligne méridienne au sol (voir par

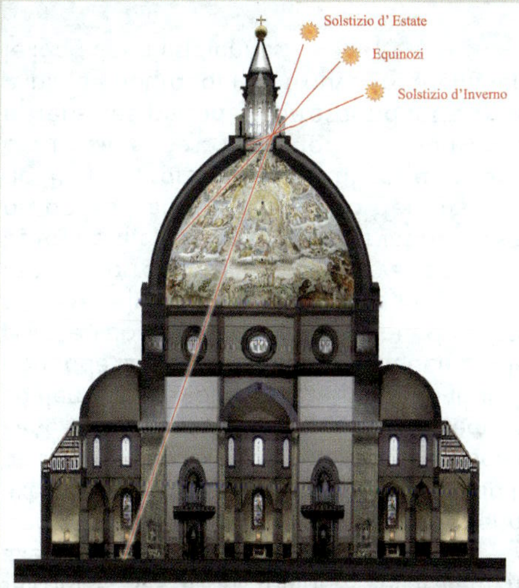

exemple l'obélisque de Saint-Sulpice à Paris).
Évidemment, en été, quand le soleil est plus haut dans le ciel, le rayon du soleil marque la ligne méridienne plus près de la paroi du sud, donc au début de la ligne méridienne, alors qu'en hiver, à l'inverse, les rayons du soleil, plus bas sur l'horizon, viennent toucher l'extrémité de la ligne.
Le grand principe de la méridienne est qu'à midi, heure solaire, le soleil est au sommet de

sa course : ses rayons tombent verticalement à la perpendiculaire d'un axe nord-sud.

Une fois cela considéré, la ligne méridienne étant elle-même sur cet axe, on comprend mieux pourquoi, quand le rayon du soleil la touche, on sait qu'il est exactement midi heure solaire.

Par extension, en fonction de l'emplacement du rayon sur la ligne, il est également possible de déterminer le jour de l'année : le point au tout début de la ligne sera atteint uniquement le jour du solstice d'été et le point en bout de ligne le sera le jour du solstice d'hiver. Par l'expérience, on détermina et inscrivit ensuite sur certaines méridiennes les jours de l'année correspondant à l'observation.

Le tour était joué et, par l'observation du soleil sur la ligne méridienne, on pouvait ainsi établir les différents jours de l'année dont le jour de Pâques, grand enjeu historique, scientifique et religieux de ces méridiennes. A fortiori, on pouvait également déterminer les différentes périodes correspondant aux signes du zodiaque, ce qui explique pourquoi l'on trouve fréquemment des dessins de ces signes le long des méridiennes.

Pourquoi est-on passé directement du 5 au 14 octobre 1582 ? La mesure du temps à l'origine des méridiennes

Tout le problème de la mesure du temps et des calendriers tient au fait que le temps que met la Terre à tourner autour du Soleil n'est pas constitué d'un nombre exact de jours : le temps de révolution n'est ni de 365 jours, ni de 366 jours, mais de 365 jours, 5 heures, 48 minutes et 45 secondes.

Sosigène d'Alexandrie, à l'époque de Jules César, estima cette durée à 365 jours et 6 heures. Afin de récupérer ce décalage de 6 heures, il imagina d'intercaler un jour tous les quatre ans. L'année bissextile était née et le calendrier julien avec elle.

En 325, le concile de Nicée institua le rôle temporel de l'Église catholique (Constantin, qui convoqua le concile, fut le premier empereur romain à embrasser la religion catholique). Celle-ci possédait une liturgie composée de fêtes fixes, comme Noël, mais également de fêtes mobiles, comme Pâques. Afin de fixer la date de cette fête essentielle, puisqu'elle correspondait à la mort et à la résurrection du Christ, l'Église décida de fixer Pâques au dimanche qui suivrait la pleine lune après l'équinoxe du printemps. Cette année-là, en 325, l'équinoxe tombait un 21 mars; cette date fut donc fixée comme étant la date de l'équinoxe.

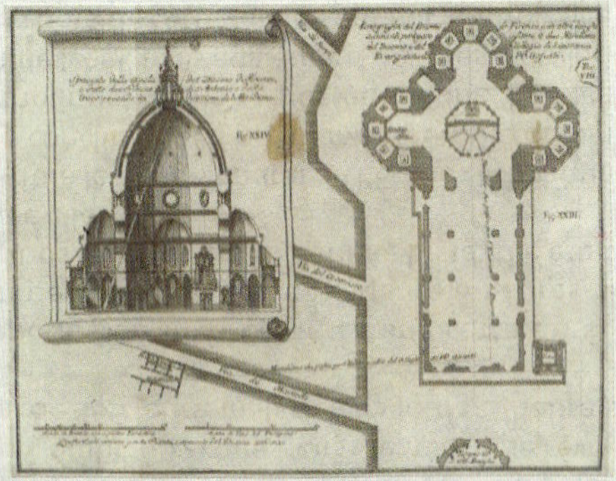

Avec les années, pourtant, on se rendit compte, en observant la voûte céleste, que l'équinoxe (qui correspond à une certaine position connue des étoiles) ne tombait plus un 21 mars... Les 11 minutes et 15 secondes de différence entre la durée réelle de la révolution de la Terre autour du Soleil et la durée définie arbitrairement provoquaient en effet un décalage de plus en plus important entre l'équinoxe réel et le 21 mars.

Au XVIe siècle, alors que l'écart atteignait les 10 jours, le pape Grégoire XIII décida d'intervenir. On supprima tout simplement 10 jours au calendrier et on passa directement du 5 au 14 octobre 1582.

Il fut également décidé, après de savants calculs (notamment de l'astronome calabrais Luigi Giglio), que tous les cent ans, les années qui auraient dû être bissextiles ne le seraient pas, sauf tous les quatre cents ans, ce qui permettait de compter 97 jours bissextiles tous les quatre cents ans, au lieu de 100, et de récupérer le retard réel. C'est ainsi que 1700, 1800, 1900 ne furent pas bissextiles mais que 2000 le fut et que 2100 ne le sera pas... Le calendrier grégorien était né.

Afin d'établir fermement ce calendrier et d'achever de convaincre les protestants qui continuaient à utiliser le calendrier julien, l'Église mit en route dès lors la construction de grandes méridiennes dans les églises. Une épopée merveilleuse commençait.

> Le mot « bissextile » doit son nom au fait que le jour que l'on ajoutait était inséré entre le 24 et le 25 février. Selon la dénomination latine, le 24 février était le sixième (*sextus*) jour avant les calendes de mars, d'où le nom de « *bis sextus* » pour le jour supplémentaire. Les calendes étaient le premier jour de chaque mois dans le calendrier romain.

Les plus hautes méridiennes au monde

Si près de 70 méridiennes furent ainsi construites en Italie et en France entre le XVe et le XVIIIe siècle, dix seulement possèdent un gnomon dont la hauteur dépasse les 10 mètres, la hauteur du trou du gnomon étant un élément crucial pour la précision des mesures. La méridienne de Santa Maria del Fiore à Florence est de très loin la plus haute. Voici les dix plus hautes méridiennes, dans l'ordre :

S. Maria del Fiore (Florence)	90,11 m
S. Petronio (Bologne)	27,07 m
Saint-Sulpice (Paris)	26 m
Monastère San Nicolo l'Arena (Catane, Sicile)	23,92 m
Duomo (Milan)	23,82 m
S. Maria degli Angeli (Rome)	20,34 m
S. Giorgio (Modica, Sicile)	14,18 m
Musée national (Naples)	14 m
Duomo (Palerme)	11,78 m

Pourquoi les méridiennes ont-elles été installées dans des cathédrales ?

Afin d'optimiser la précision de leurs relevés, les astronomes avaient besoin de grands espaces dans lesquels le point de l'entrée de la lumière se trouvait le plus loin possible du sol : plus le rayon du soleil était long, plus les calculs étaient justes. En raison de leur hauteur, les cathédrales se révélèrent donc très vite comme étant l'emplacement idéal de ces outils scientifiques, l'Église étant en outre la première intéressée par ces méridiennes qui lui permettaient de déterminer la date exacte de Pâques.

La méridienne boréale de l'église Santa Maria degli Angeli

4 Piazza della Repubblica

STELLAE POLARIS ORBITA
22
23

Si la méridienne solaire de Santa Maria degli Angeli est relativement connue, l'extraordinaire méridienne boréale qui fait aussi partie de l'église l'est infiniment moins. Tournée vers le nord, à l'inverse de la méridienne solaire qui l'est vers le sud, cette méridienne boréale (voir ci-dessous) est la seule connue à ce jour. Elle a pour objectif de projeter sur le sol de l'église le mouvement de l'étoile polaire autour du pôle Nord, au moyen d'un trou boréal situé en haut à droite de l'église, à 27,20 mètres de hauteur. À proximité du début de la ligne méridienne solaire, on remarque ainsi 17 magnifiques ellipses qui correspondent aux différentes courses de l'étoile dans le ciel : cette méridienne boréale est un outil exceptionnel qui permet de mesurer l'effet du phénomène de la précession des équinoxes.

Outre sa fonction astronomique, la méridienne boréale de Bianchini permettait aussi de mesurer l'heure de minuit qui correspondait au début de la journée ecclésiastique.

■ Accès : métro ligne B, station Repubblica

La précession des équinoxes : une remise en cause des signes du zodiaque ?

La terre n'est pas une sphère parfaitement ronde : elle est caractérisée par un gonflement au niveau de l'équateur ce qui, cumulé à l'effet des forces d'attraction du soleil, de la lune et des autres planètes, provoque un phénomène de déplacement de son axe de rotation, un peu comme une toupie quand celle-ci perd de la vitesse. Le cycle de ce déplacement dure 25 776 ans, ce qui signifie que le ciel positionné au-dessus d'un observateur sur la Terre ne sera exactement le même que tous les 25 776 ans. C'est pour cette raison que le pôle Nord, par exemple, ne pointe pas toujours vers la même étoile dans le ciel.

La colonne de la flagellation de Santa Prassede

5 Via di Santa Prassede

Sur la droite de la superbe chapelle Saint-Zénon, une petite salle abrite l'étonnant fragment de la colonne de la flagellation, sur laquelle le Christ aurait été flagellé pendant la Passion.

Le fragment aurait été placé ici même au XIIIe siècle. La relique apparut à Jérusalem pour la première fois au Ve siècle après J.-C., décrite par des pèlerins. Elle changea plusieurs fois d'aspect en fonction des différents témoignages, ayant probablement été volée, perdue, vendue et réinventée, comme beaucoup de reliques (voir pages 290 à 294). À ses débuts, la colonne n'était qu'une simple colonne en pierre. Par la suite certains pèlerins affirmèrent que l'on pouvait y voir les empreintes des mains de Jésus, et au VIe siècle on assurait même que les bras et le visage du Christ étaient imprimés sur la colonne.

Jérusalem, Padoue, Ancône, Venise et Tolède prétendent également posséder des fragments de la colonne.

À l'entrée de la chapelle Saint-Zénon, en face de la petite boutique de souvenirs de l'église, une peinture permet d'imaginer la façon dont la colonne était utilisée.

■ Accès : métro ligne A, station Vittorio Emanuele

Les auréoles carrées de la basilique Santa Prassede

6 Via di Santa Prassede, 9 / Via San Martino ai Monti

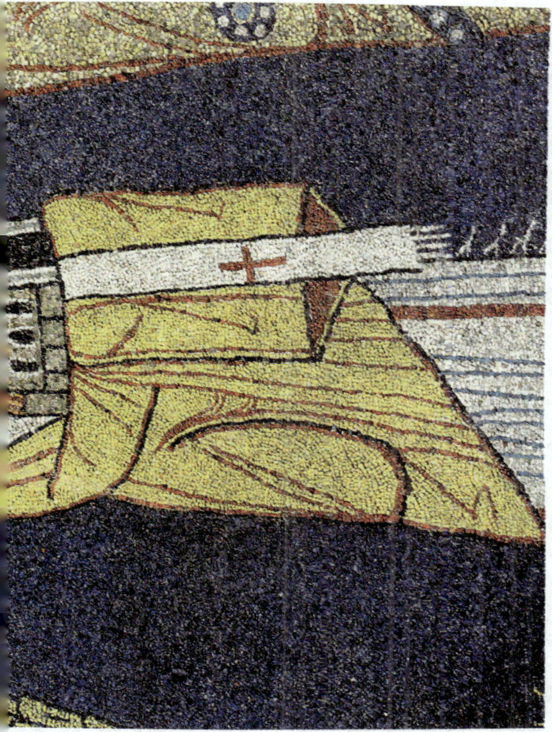

Célèbre pour ses mosaïques réalisées par des artistes byzantins au IXe siècle, la basilique Santa Prassede a été construite sur ordre de Pascal Ier (pape de 817 à 824) en hommage à sainte Praxède, sœur de sainte Pudentienne et fille de Pudens, chez qui saint Pierre aurait résidé, et que Paul mentionne dans une épître. La célèbre mosaïque de l'abside représente la montée au paradis de sainte Praxède et de sainte Pudentienne. À droite de Jésus, sainte Praxède se tient entre saint Zénon et le pape Pascal Ier, qui présente à Jésus l'église qu'il a fait bâtir. La tête du pape est entourée d'une auréole très inhabituelle, carrée et bleue, en lieu et place des traditionnelles auréoles rondes et dorées. De la même façon, la mère de Pascal Ier, Théodora, enterrée dans la chapelle Saint-Zénon, y est représentée en haut de la porte sur la gauche, à l'intérieur de la chapelle, portant elle aussi une auréole bleue et carrée. Cette auréole se retrouve sur les mosaïques de l'église Santa Cecilia in Trastevere, où elle encadre là encore la tête de Pascal Ier, qui fut à l'origine de la reconstruction de cette église, ainsi qu'à côté de Saint-Jean-du-Latran : la mosaïque qui décore l'abside de la salle à manger du palais de Léon III (le *triclinium Leonionum*) représente Léon III (pape de 795 à 816) avec une auréole de ce type.

D'où viennent les auréoles carrées ?

Jusqu'au IVe siècle, seul le Christ avait une auréole, symbole de ceux qui vécurent comme des saints et qui ont été admis au ciel. À partir du IXe siècle, l'auréole sera néanmoins communément admise pour l'ensemble des saints. Elle est ordinairement ronde, le cercle étant un symbole de perfection et d'éternité, et dorée, symbole de la lumière divine. L'auréole est souvent interprétée comme la représentation de l'espace céleste (l'aura, selon certaines terminologies actuelles) qui entoure les saints. Elle est centrée sur la tête, censée être la partie la plus noble de l'homme, le siège de l'âme. L'auréole carrée qui entoure certains personnages de mosaïques signifie que le personnage était vivant au moment de la réalisation de la mosaïque. Elle représente la terre et ses quatre directions. Le bleu, couleur du ciel, est la couleur la plus immatérielle, la plus pure et la plus proche du divin. Elle symbolise le détachement de soi et l'envol de l'âme vers Dieu et serait donc le symbole d'une étape intermédiaire vers Dieu et la couleur or.

■ Tél. : 06 4882456

Accès : ligne B, station Cavour ou ligne A, station Vittorio Emanuele

Musée de la Pathologie du livre

7 Via Milano, 76

Méconnu, le petit musée de la Pathologie du livre a été créé en 1938 à l'initiative de la fondation du même nom. Il n'a cessé depuis de s'enrichir d'instruments qui illustrent la fabrication des livres et leur dégradation.

Situé aujourd'hui dans de nouveaux locaux, il a été complètement réaménagé. On a notamment cherché à valoriser une collection d'objets uniques en leur genre tout au long d'un parcours qui s'articule en trois sections. La première est consacrée aux matériaux et aux techniques de fabrication des livres anciens et modernes, la suivante aborde les différents aspects de la détérioration, et la troisième la conservation et la restauration. Grâce à l'expérience acquise par les employés du musée et à la collaboration des laboratoires de l'Institut, on a pu mettre à la disposition du public de nouveaux supports pédagogiques destinés à faire participer activement les visiteurs tout en rendant la visite beaucoup plus intéressante, aussi bien pour les adultes que pour les enfants.

La durée moyenne du parcours est d'environ quarante-cinq minutes. Des guides audio en italien et en anglais sont disponibles pour tous les âges. Certains panneaux comportent de brèves introductions à chacune des sections. Une vidéo illustre l'activité de l'Institut et un atelier pédagogique est entièrement consacré à l'apprentissage pour les plus petits.

■ Ouvert sur rendez-vous
Tél. : 06 48291 ou 48291304 ou 48291235
E-mail : icplform@tin.it

La porte magique

8 Piazza Vittorio Emanuele II

Une mystérieuse porte magique se dresse sur l'Esquilin dans les jardins de la Piazza Vittorio. Ce petit portail en pierre calcaire, rectangulaire, surmonté d'un disque sur lequel est gravée l'étoile de David, est entièrement recouvert d'inscriptions mystérieuses en latin et de symboles cabalistiques. Il est aussi flanqué de deux statues jumelles en marbre qui représentent Bès, la divinité égyptienne.

Au milieu de la place se situe le jardin autour duquel se déploie le marché de la Piazza Vittorio. À la fin du XIXe siècle, la villa des Palombara fut détruite afin d'agrandir la gare et de construire la Piazza Vittorio et la Piazza Dante. La porte magique, qui était l'une des portes d'accès au jardin de la villa, fut démontée et réinstallée dans un mur rescapé du IIIe siècle après J.-C.

Le marquis Palombara, un érudit passionné d'occultisme, recevait dans sa villa des astrologues et des alchimistes pour s'entretenir de formules secrètes dans le but de découvrir le procédé pour obtenir l'or alchimique. On raconte que Giuseppe Francesco Borri, un jeune magicien milanais, chassé du collège des jésuites parce qu'il était davantage intéressé par les sciences occultes que par la théologie, se présenta un jour chez le marquis. Il lui demanda une aide financière et la possibilité de faire des expériences dans son laboratoire. Les recherches de Borri furent longues et secrètes, jusqu'au jour où le jeune homme disparut, laissant dans le laboratoire des traces d'or et quelques parchemins remplis de signes et de formules latines incompréhensibles.

Le marquis pensa qu'il s'agissait du procédé pour l'obtention de l'or alchimique et fit appel, en vain, aux experts les plus renommés de l'époque, auxquels il montra les parchemins dans l'espoir qu'ils arrivent à les déchiffrer.

En dernier recours, il fit graver les signes et les formules sur la porte, dans l'attente qu'un spécialiste, passant par là, puisse dévoiler le mystère.

En 1963, Elemire Zolla, anthropologue expert en ésotérisme, confirma que les inscriptions de la porte magique faisaient partie d'un important document initiatique et philosophique.

La villa Palombara aurait été fréquentée par la reine alchimiste Christine de Suède (1626-1689) lors de son séjour à Rome au palais Riario (devenu palais Corsini).

■ Accès : tram nos 5 et 14 ; métro ligne A, station Vittorio Emanuele

La bénédiction des animaux de l'église Sant'Eusebio

9 Piazza Vittorio Emanuele II

bénir leurs bêtes devaient donner à l'église une offrande en nature, alors que les nobles devaient donner de l'argent et de gros cierges destinés à protéger les animaux des maladies.

Le nombre de nobles demandant des offices privés pour leurs animaux augmentant, les sommes d'argent liées à la bénédiction devinrent importantes et d'autres prêtres essayèrent d'organiser des cérémonies semblables dans leur église.

Le phénomène se développa à un point tel que le cardinal vicaire fut contraint, en 1831, de menacer de suspendre *a divinis* des prêtres qui bénissaient des animaux sans autorisation.

■ Accès : tram n°s 5 et 14 ; métro ligne A, station Vittorio Emanuele

CRÉDITS PHOTOGRAPHIQUES

Toutes les photos sont d'**Alessandra Zucconi** sauf :

Ginevra Lovatelli : boulet de canon Trinità dei Monti, palazzo Zuccari, musée Andersen, Squatriti, maison de Goethe, musée de la Criminologie, bibliothèque Vallicelliana, bibliothèque Angelica, bibliothèque Alexandrine, escalier du palais de Gallo Roccagiovine, l'arc des Acetari, chapelle du Mont-de-Piété, chapelle Spada, bibliothèque Casanatense, fenêtre murée du palais Mattei, complexe monumental de Santo Spirito in Sassia, horloge à la romaine du palais du Commandeur, la roue d'abandon, méridienne de la place Saint-Pierre, boulet de canon de San Pietro in Montorio, cloîtres de l'hôpital Nuovo Regina Margherita, San Benedetto in Piscinula, ancienne pharmacie de Santa Maria della Scala, oranger du cloître de Santa Sabina, escalier de Sant'Alessio, cimetière acatholique, table de l'oratoire de Santa Barbara, Institut de pathologie du livre, Porte Magique, bénédiction des animaux, appartement de la princesse Isabelle ;

Jacopo Barbarigo : traces de l'acqua vergine, couvent de la Trinité-des-Monts, tombe de Poussin, le tonneau de la fontaine de la Botticella, *Le dîner à Emmaüs*, pièces secrètes de saint Philippe Neri, bénédiction des femmes enceintes, messe en araméen, cerf de l'église Sant'Eustachio, lance de Longin, voile de Véronique, outils de la porte sainte, les indulgences, lieu de la crucifixion de saint Pierre au Janicule, villa Lante, mosaïque de Santa Maria in Trastevere, arc des Argentarii, ordre de Malte, triple enceinte, basilique dei Santi Quattro Coronati, insultes de San Clemente, légende de la papesse Jeanne, les grotesques, statue de Stanislas Kostka, les méridiennes de Santa Maria degli Angeli, colonne de flagellation de Santa Prassede ;

Adriano Morabito : chambre mortuaire de la pyramide Sextia, sanctuaire mithraïque du cirque Maxime, autres sanctuaires mithraïques, Titulus Equitii de Saint-Martin-des-Monts, bunkers de Mussolini villa Torlonia, tombe étrusque villa Torlonia, abri antiaérien à l'EUR, columbariums de Vigna Codini, cimetière hypogée de l'église Santa Maria dell'Orazione e Morte ;

Marylène Malbert : chambre du perroquet, cadran solaire catoptrique, trompe-l'œil des Noces de Cana, anamorphose Trinité-des-Monts ;
Hélène Vuillermet : bas-relief des enfants abandonnés, théâtre anatomique, Académie américaine, siège de l'ordre du Saint-Sépulcre ;
Jean-Pierre Cassely : relique de sainte Marie-Madeleine ;
F. Lerteri : excubitorium ;
Musée d'Histoire de la science de Florence : « Comment fonctionne une méridienne ? » ;
Corso Patrizi : palazzo Patrizi ;
Beatrice Pediconi : palazzo Sachetti (en couverture) ;
Carlo Pavia : souterrains de l'hôpital Saint-Jean du Latran ;
Larco Placidi : cadran solaire d'Auguste ;
Palazzo Spada : palazzo Spada ;
Enrico Sturani : Enrico Sturani ;
Unicredit Group : les trésors cachés des banques romaines ;
Pavillon de l'Aurore : avec l'aimable autorisation de **Donna Maria Camilla Pallavicini**

Remerciements : Dott. Aiello, Claudia Amadio, Luciano Antonini, Association Amici del Gonfalone, Florent Billioud, Philippe Bonfils, Maurizio Botta, Luisa Capaccioli, Jean-Pierre Cassely, Alessandra et Alessandro Corradini, Viviana Cortes, Laura del Drago, Fare fotografia, Fpmcom, Nunzia Fiorini, Tommaso Grassi, Giovanni Innocenti, Koen Ivens, Istituto di Studi Pirandelliani, Francesco Lovatelli, Beatrice Lovatelli, Marylène Malbert, Vincent Manniez, Andrea Mazzini, Flavio Misciattelli, Adriano Morabito, Dott. Paola Munafò, Dott. Muratore, Musée de Criminologie, Musée des Carrosses d'Époque, Musée Hendrik Christian Andersen, Nunzio, Simo Orma, Dott Petrollo Pagliarani, Donna Maria Camilla Pallavicini, Franco Palmieri, Corso Patrizi, Marco Placidi, Dominique Quarré, Maria Eleonora Ricci Parracciani Bergamini

Massimo, Pierre Rosenberg, Neville Rowley, Pietro Ruffo, Palazzo Sacchetti, Giacinta Sanfelice, Maurizio Savino, Dott. Scialanga, Anna Maria Sciannimanico, Lorenzo Seno, Nicola Severino, Dott. Spalletti di Villa Spalletti Trivelli, Enrico Sturani, Mirtella Taloni, Marco Tirelli, Alfonso Tozzi, Caterina Valente, Delphine Valluet, Villa Médicis, Hélène Vuillermet.

POINT2 est une création des Éditions Points (Paris, France)
et de Jongbloed bv (Heerenveen, Pays-Bas).

Brevet déposé n° EP 2 040 932

Ce livre a été imprimé sur papier Indoprint fourni par Bolloré Thin Papers (www.bollorethinpapers.com). Indoprint est un papier certifié FSC, fabriqué sans chlore ni soufre. Il a été élaboré à base d'une pâte à papier obtenue dans le respect de l'environnement et du développement durable.

FSC
www.fsc.org
MIXTE
Issu de sources responsables
FSC® C013585

Réalisation : Cursives à Paris
Impression : Jongbloed bv, Heerenveen, Pays-Bas
Dépôt légal : janvier 2012. N° 107126

Promenades dans le Paris disparu
Leonard Pitt

Partez à la recherche du Paris disparu : 4 itinéraires à travers Saint-Germain-des-Prés, l'île de la Cité, le quartier du Palais-Royal et le Marais.
En confrontant photographies anciennes et vues actuelles, ce guide invite le promeneur à voyager dans le temps…

80 sites à découvrir - 400 illustrations N & B et couleur - 20 plans

Gâteaux et tartes
Christophe Felder

Les pâtes et les tartes, les gâteaux classiques, les gâteaux de l'Avent, découvrez les ficelles du métier avec l'ancien chef pâtissier du Crillon ! Du fraisier au kouign amann, vous serez initiés aux techniques des professionnels : pour réussir à coup sûr tous vos desserts.

70 recettes, 600 photographies couleur

Des vents contraires

Olivier Adam

Le vide impensable laissé par le départ de Sarah, il n'y aura que la mer pour le combler. Paul emmène ses deux jeunes enfants à Saint-Malo, pour oublier, respirer, et réapprendre à vivre.

Grand Prix RTL-Lire 2009

Du côté de chez Swann
Marcel Proust

« Il frappa encore une fois. On ouvrit la fenêtre, puis les volets. Maintenant il n'y avait plus moyen de reculer, et, puisqu'elle allait tout savoir, pour ne pas avoir l'air trop malheureux, trop jaloux et curieux, il se contenta de crier d'un air négligent et gai : "Ne vous dérangez pas, je passais par là, j'ai vu de la lumière, j'ai voulu savoir si vous n'étiez pas souffrante." »

Les Chutes
Joyce Carol Oates

« La femme rousse dit dans un murmure, en faisant tourner ses bagues autour de son doigt :
– Je ne sais pas. Vous comprenez… je l'ai perdu.
– « Perdu »… comment cela ?
– Là ou se perdent les choses. Il est parti.
– Juste… parti ? Où ?
– Comment pourrais-je le savoir ? fit la femme rousse, avec un rire triste. Il ne me l'a pas dit. »

Prix Femina du roman étranger 2005

Les hommes cruels ne courent pas les rues
Katherine Pancol

Les hommes gentils, on les aime beaucoup mais... Vous connaissez une femme qui a perdu la tête pour un gentil garçon ? Moi non.

Poussières d'étoiles
Hubert Reeves

« Ce livre voudrait être une ode à l'univers. J'ai tenté de rendre hommage à sa splendeur et son intelligibilité, d'exprimer à la fois sa créativité, son inventivité, sa beauté et sa richesse. J'ai voulu donner à contempler et à comprendre. »

Hubert Reeves

Plus de 100 photographies N&B et couleur

Le Sens du bonheur
Krishnamurti

« L'Important, c'est d'être à soi-même sa propre lumière, son propre maître et son propre disciple. »

Krishnamurti (1895-1986), philosophe et sage indien

Tous les livres en Point Deux

Roman

Des vents contraires, Olivier Adam
Une vie française, Jean-Paul Dubois
Fuck America, Edgar Hilsenrath
Le Pingouin et *Les pingouins n'ont jamais froid*, Andreï Kourkov
La Route, Cormac McCarthy
Les Chutes, Joyce Carol Oates
Les hommes cruels ne courent pas les rues, Katherine Pancol
Extrêmement fort et incroyablement près, Jonathan Safran Foer
À la recherche du temps perdu, Marcel Proust
La Chartreuse de Parme, Stendhal
Mensonges sur le divan, Irvin Yalom

Thriller

Les Visages, Jesse Kellerman
Tout est sous contrôle, Hugh Laurie
Ce cher Dexter, Jeff Lindsay

Policier

Les Neuf Dragons, Michael Connelly
Le Poète, Michael Connelly
La Cité des Jarres, Arnaldur Indridason
Les Anges perdus, Jonathan Kellerman
Mort à La Fenice, Donna Leon
La Cinquième Femme, Henning Mankell
Les Soldats de l'aube, Deon Meyer

Noir

Memoire assassine, Thomas Cook

Sagesse

Petit traité des grandes vertus, André Comte-Sponville
Le Sens du bonheur, Krishnamurti
Le Nouveau Testament

Poésie

Poésie complète, Charles Baudelaire

Histoire
1515 et les grandes dates de l'histoire de France, Alain Corbin (sous la direction de)

Science
Poussières d'étoiles, Hubert Reeves

Humour
Chroniques de la haine ordinaire, Pierre Desproges

Pratique
Les Cakes de Sophie, Sophie Dudemaine
Gâteaux et Tartes, Christophe Felder

Guide
Guide des châteaux de France, Josyane et Alain Cassaigne
Guide de poche des vins de nos régions, Bettane & Desseauve
Promenades dans le Paris disparu, Leonard Pitt
Londres insolite et secrète